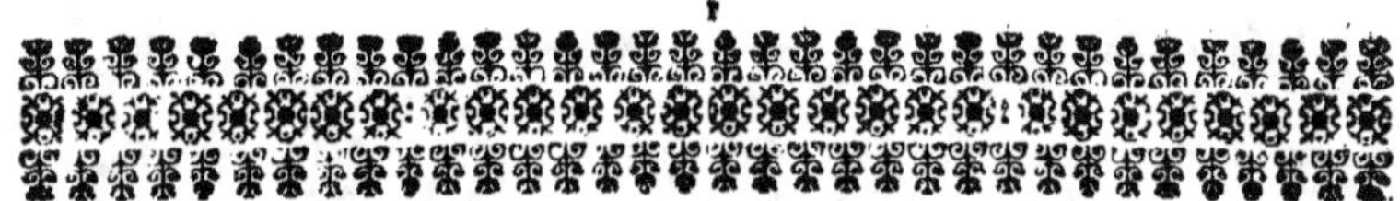

MEMOIRE SIGNIFIE'

POUR Messire Jacques-Auguste De Thou, Abbé Commendataire de l'Abbaye & Comté de Samert-aux-Bois, Appellant, Demandeur & Défendeur.

CONTRE Monsieur le Procureur General prenant le Fait & Cause de son Substitut en la Senéchaussée de Boulogne, Intimé.

Messire Louis Comte de Mailly, Capitaine-Lieutenant des Gendarmes Ecossois, Commandant la Gendarmerie de France, Seigneur du Fief de Manneville, Intimé, Défendeur, & Demandeur en Complainte.

Robert Clabault, soy disant Procureur-Fiscal de la prétenduë Terre & Seigneurie de Manneville, Intimé, Défendeur & Demandeur.

Et François Magnier, Fermier du Domaine du Boulonois, Intimé, Défendeur & Demandeur.

QUESTIONS A JUGER.

Si le Sieur Comte de Mailly, Seigneur du Fief de Manneville en Boulonois, relevera du Roy, ou du Sieur Abbé de Thou, Abbé Comte de Samert-aux-Bois : S'il a le Droit de Haute-Justice ; S'il peut se dire Seigneur de Manneville, ou du Fief sis à Manneville ; S'il peut pretendre les Droits Honorifiques.

LE Comte de Mailly veut méconnoître l'Abbé de Thou, Abbé Comte de Samert-aux-Bois, pour le Seigneur Dominant en Fief & Justice du Fief de Manneville ; lorsqu'il estoit encore sous la Tutele de la Dame sa Mere, ses Gens-d'Affaires, curieux de se montrer ardens à procurer l'avantage de leur Maître, ont fait entendre à cette Dame, que ce Fief estoit une Terre mouvante nuëment du Roy, quoiqu'ils eussent entre leurs mains l'Hommage rendu à l'Abbé de Samert

A

par le feu Pere du Mineur, on a trouvé un Receveur du Domaine facile , & confultant moins les Droits réels du Roy, qu'un intereft perfonnel, foutenu fans doute d'une Indemnité : Ce Projet faftueux a produit trois effets. Saifie Feodale de la pretenduë Terre de Manneville, à la requefte du Subftitut de M. le Procureur General en la Senéchauffée de Boulogne, pourfuite & diligence du Receveur du Domaine , Foy & Hommage. Le Comte de Mailly forti de Tutele , a applaudi à tout ; & il a rendu fon Aveu & Dénombrement en la Chambre du Bureau des Finances d'Amiens : Voila le premier effet. Les Officiers de ce Fief de Manneville ont alors encheri ; ils ont exercé leur Juftice jufques fur les Tenanciers immediats de l'Abbé de Samert dans la Paroiffe de Manneville : Second effet. Enfin , le Comte de Mailly feduit par ce fuccès apparent, charmé du nouvel éclat de fa Terre , a voulu s'attribuer le Titre indefini de Seigneur de Manneville, & fe donner pour le Haut-Jufticier de la Paroiffe , & comme tel joüir feul des Honeurs de l'Eglife. Il a efté jufqu'à former Complainte contre l'Abbé de Samert; Troifiéme effet. L'Abbé de Thou, Abbé Comte de Samert, a interjetté Appel de toutes les Sentences & Ordonnances de la Senéchauffée de Boulogne , & du Bureau des Finances d'Amiens , qui touchent la Saifie Feodale, la Foy & Hommage, & l'Aveu au Roy de ce Fief de Manneville. *Toute cette Procedure eft par Défaut ; (†) l'on conçoit auffi-tôt que les Droits & les Moyens de l'Abbé de Thou font en leur entier, & qu'ils fe prefentent à la Cour, fans l'atteinte d'aucun préjugé.*

Il eft encore Appellant de la Sentence qui a autorifé l'entreprife du Procureur Fifcal du Fief du Comte de Mailly ; & il défend à la Complainte formée par le Comte de Mailly.

On l'avoüera, l'ambition qui domine le Comte de Mailly eft digne de fa naiffance ; il luy fied bien d'eftre Vaffal immediat du Roy.

Mais ces defirs, quelque loüables qu'ils foient dans une Perfonne de fon rang , ne font pas toûjours écoutez. Le Roy Souverain Fiefeur de fon Royaume , centre de tous les Fiefs, protege luy-même cette Hierarchie Feodale , qui fait que mediatement, & par degré le plus petit Fief eft mouvant de luy : on le dit même avec confiance; les Seigneurs, que leurs Vaffaux veulent méconnoître , pour approcher plus près du Trône, font toûjours reçûs favorablement à les reclamer, dès qu'ils prouvent leur Mouvance, le Roy remet le Vaffal dans l'Ordre de fa dépendance.

Il eft fâcheux pour le Comte de Mailly, que fon Fief foit fitué en Boulonois ; cette Coutume s'explique trop nettement fur les Fiefs de fon Reffort, tenus immediatement du Roy, & qui forment le Comté de Boulogne ; elle fe réünit avec les Titres de l'Abbé de Samert-aux-Bois, & par ce moyen elle efface totalement toutes les idées glorieufes, que l'on avoit fait concevoir au Comte de Mailly fur fon Fief de Manneville.

Quatre Chefs de Conteftation.

Le premier, la Saifie Feodale faite à la requefte du Subftitut de M. le Procureur General à Boulogne, pourfuite & diligence du Receveur ; cette Saifie Feodale qui a amené la Foy & Hommage, & l'Aveu rendu au Roy par le Comte de Mailly, forme le combat de Fief entre M. le Procureur General pour le Roy , & l'Abbé de Samert.

Le deuxiéme, le Procès-verbal de Vifite des Chemins fait par les Officiers de la Justice du Fief de Manneville sur les Tenanciers *directs & immediats de Samert*, dans la Paroisse de Manneville, & tout ce que ce Proces-verbal a occasionné, forme un Conflit de Justice & d'étenduë de Territoire, entre l'Abbé de Samert & le Comte de Mailly.

Le troisiéme, la Demande en Complainte formée en la Cour par le Comte de Mailly, pour sa prétenduë Haute-Justice, & pour les Honneurs de l'Eglise, *augmente* cette Contestation de Justice.

Le quatriéme, enfin, la prétention du Comte de Mailly de se dire Seigneur indéfiniment de Manneville; & la Demande de l'Abbé de Samert, afin que l'Arrest de 1647 soit déclaré commun avec le Comte de Mailly.

L'Abbé de Samert se propose de réünir dans ce Memoire tous les Moyens épars dans les differentes Piéces d'Ecritures, rassemblez sous un même point de vûë : leur évidence en sera plus grande; & comme la Coûtume, ses Titres & la verité leur a donné l'estre, il n'hesite pas de les faire paroître au grand jour; il tachera d'y joindre l'ordre & la netteté; pour cela on distinguera les Faits, la Procedure & les Moyens de chacun des quatre Chefs.

FAIT & Procedure du Combat de Fief.

Le 13 Juin 1708, après la mort du Marquis de Mailly Pere de l'Intime, l'Abbé de Samert obtint Commission pour saisir feodalement la Seigneurie de Manneville; c'est la dénomination du Fief que le Comte de Mailly possede dans la Paroisse de Manneville. Le 26 il fit faire la Saisie Feodale tant du Fief, que des Terres tenuës en Roture.

La Dame de Sainte-Hermine lors Tutrice du Comte de Mailly son Fils, n'avoit point encore conçû l'idée de soustraire ce Fief à une Mouvance qu'elle sçavoit que son Mari avoit reconnuë, elle écrivit à Samert pour sçavoir la qualité des Reliefs & Redevances Cotieres; ses Lettres firent suspendre les poursuites, & il s'écoula plusieurs années, en pourparlers & promesses de satisfaire. Mais on sera étonné que ce tems de treve demandé avec instance, & gracieusement accordé, n'ait esté employéqu'à le preparer, le moyen de meconnoître l'Abbé de Samert pour Suzerain.

Les Gens-d'Affaires du Comte de Mailly & de la Dame sa Mere pratiquerent le nommé François Magnier, Receveur lors du Domaine de Boulogne, qui après avoir mis ses interests en sûreté, le 28 Novembre 1715, risqua à la requeste du Substitut de M. le Procureur General, mais à sa poursuite & diligence, une Saisie Feodale du Fief de Manneville, *mouvant du Roy à cause de son Baillage d'Evresne.** Ce sont les termes de la Commission, & de la Saisie Feodale.

Le 20 Juillet 1716, Sentence en la Senéchauffée de Boulogne, qui condamne le Commissaire établi à exercer sa Commission. On dit encore dans cette Sentence, que ce Fief est mouvant du Roy, *a cause* de son Baillage d'Evresne. *

On prétend que le 20 Avril 1718, on a dénoncé à l'Abbé de Samert les Poursuites du Receveur du Domaine : on trouve dans la Production du Comte de Mailly, un Acte signifié aux Religieux, par lequel le Comte de Mailly déclare qu'il rendra la Foy au Roy de qui la Terre de Manneville releve *comme * Comte de Boulogne.*

On trouve encore dans cette Production, une prétenduë Quittance donnée par ce Receveur du Domaine au Comte de Mailly pour les Reliefs

* Termes qui prouvent contre l'Aveu rendu au Roy par le Comte de Mailly.

* Même Observation.

* Nouvelle cause de Mouvance.

& Droits de Chambelage de la Terre de Manneville tenuë du Roy, *à cause de son Comté de Boulogne.*

16 Juillet 1718, Ordonnance du Bureau des Finances d'Amiens Generalité de Picardie & Boulonois, qui dispense le Comte de Mailly de rendre en personne l'Hommage de sa Terre de Manneville mouvante du Roy, *à cause de son Comté de Boulogne.*

18 Juillet 1718, Acte de Foy & Hommage du Comte de Mailly.

4 Mars 1719, Aveu & Dénombrement rendu au Roy par le Comte de Mailly de cette Terre de Manneville comme mouvante du Roy, *à cause de son Comté de Boulogne.*

19 Octobre 1719, Ordonnance du Bureau qui reçoit l'Aveu.

11 Décembre, Dénonciation aux Abbé & Religieux de Samert de cette Ordonnance.

L'Abbé de Thou n'en disconviendra pas ; ces Poursuites ne pouvoient le déterminer à en venir à un Procès serieux avec le Comte de Mailly : il se flattoit, ou que la Dame de Mailly, revenuë du trop de confiance dans ses Gens-d'Affaires, ne permettroit pas que le Comte son Fils débutât à Sa Majorité, par se soustraire à une Mouvance si clairement connuë, ou que le Comte de Mailly lui-même en estat d'agir, consulteroit ses Archives, avant que de risquer un Aveu au Roy : Les déferences qu'on avoit eu pour la Dame de Mailly depuis 1708 jusqu'en 1715, qu'elle s'estoit fait saisir feodalement par le Receveur, & le rang des Parties, luy ôtoient toute idée du procedé outré des Gens-d'Affaires. Voila le motif du silence que l'Abbé de Thou, Abbé Comte de Samert-aux-Bois a gardé depuis 1715 jusqu'en 1721, sa naissance luy donnoit des sentimens qu'il croyoit & croit encore dans le cœur du Comte de Mailly.

Enfin, la reception de l'Aveu du Comte de Mailly au Bureau des Finances d'Amiens, luy a fait prendre la voie la plus facile & la plus sûre pour terminer ce different.

Le 15 Décembre 1721, il a interjetté Appel en la Cour de cette Saisie Feodale, des Sentences & Ordonnances de Boulogne & d'Amiens, *toutes par défaut.* Il a Intimé le Substitut de M. le Procureur General & Magnier Receveur.

Ce Receveur ne vouloit pas s'engager si avant ; il a donné sa Requeste en folle intimation, mais cette Requeste n'a pas reussi ; la Procedure a esté faite à sa poursuite & diligence, & il y a Arrest d'Appointé au Conseil & joint à l'Instance appointée entre M. le Procureur General, prenant le fait & cause de son Substitut, & l'Abbé de Thou.

Cela a donné lieu à une Demande de la part du Sieur Abbé de Thou contre le Comte de Mailly du 30 Janvier 1722, pour voir déclarer l'Arrest qui interviendroit avec M. le Procureur General, commun avec luy, même celuy de 1647 exécutoire.

Il semble que dans cette Affaire, en ce qui concerne le Combat de Fief, le Comte de Mailly ne devroit estre que simple Spectateur du Combat ; il veut l'insinuer aussi par une Requeste du 14 Décembre 1728, & c'est sur cette These qu'il a fait signifier ses Ecritures du 19 du même mois.

Cependant par ses Requestes des 24 & 27 Novembre 1727, il n'hesite pas à conclure à ce qu'en mettant au néant toutes les Appellations interjettées par l'Abbé de Samert, & déboutant l'Abbé de toutes ses Demandes, il luy soit donné Acte de la Complainte qu'il forme contre luy.

Ces

Ces deux Procedures font bien Contradictoires ; on fent bien que la
Requeſte du 14 Décembre 1718, eſt le correctif des deux premieres ; mais ces
deux Requeſtes qui font reglées ont donné lieu à l'Abbé de Thou, de de-
mander au Comte de Mailly, qui s'eſt mis Partie principale dans l'Inſtance,
où eſtoient donc ces Titres précieux, que l'Aveu de 1719, qui forme le Litige, dit avoir eſté ſes modeles ? C'eſt pour répondre à cette juſte interpella-
tion, que le Comte de Mailly, ou plûtôt ſes Gens-d'Affaires ont voulu le dé-
gager, & qu'on a ſignifié la Requeſte du 14 Décembre 1728, par laquelle
on a demandé Acte de ce qu'on ne prenoit aucune part dans le Combat de
Fief. N'eſt ce pas là avoüer bien ingenuëment, que ces Titres prétendus qui
ont aidé à ourdir l'Aveu de 1719, ſont dans l'imagination des Gens-d'Affaires
du Comte de Mailly ? On obſervera encore, que ce Receveur du Domaine
eſt dans l'Inſtance par le miniſtere du Procureur du Comte de Mailly, qui
agit pour luy ſous le nom de ſon Confrere ; la preuve en eſt écrite, & cela
démontre l'intelligence parfaite entre-eux.

Etabliſſons maintenant la Mouvance de l'Abbaye de Samert ſur le Fief
du Comte de Mailly à Manneville ; cela prouvera la nullité de la Saiſie Feodale, & de toutes les Procedures faites au Bureau des Finances d'Amiens *par
défaut.*

Preuves de la Mouvance de l'Abbé de Thou, Abbé de Samert-aux-Bois en Boulonois ſur Manneville.

L'Abbaye de Samert-aux-Bois en Boulonois, eſt une des plus anciennes
Abbayes de cette Province ; elle eſt de l'Ordre de Saint Benoît, & dès-là
plus ancienne que l'Abbaye de Notre-Dame aujourd'hui Cathedrale de Boulogne, & que l'Abbaye de Saint Vuilmert de Boulogne, ces deux Abbayes
étant de l'Ordre de Saint Auguſtin, de beaucoup poſterieur à celui de Saint
Benoît. Elle a été fondée en 568.

On ſçait que Theroüanne étoit le Siege Epiſcopal du Boulonois & Pays
conquis, qu'en 1566 le Pape Pie V, par les Bulles du 3 Mars, erigea l'Abbaye de Notre-Dame de Boulogne en Evêché, comme une ſuite du Traité
de Paix, entre Henry Second Roi de France & Philippe Second Roi d'Eſ-
pagne, au Château du Cambreſis en 1559.

Ce qui fait que l'on lit au Procès-verbal de redaction de cette Coûtume
de Boulogne en 1550, neuf ans avant le Traité de Paix, ſeize ans avant l'érection de l'Evêché de Boulogne, que l'Abbé de Notre-Dame de Boulogne
ayant été appellé après l'Evêque de Theroüanne, le fondé de Procuration
de l'Abbé de Samert, remontra qu'il devoit être appellé après l'Evêque,
comme il étoit le premier appellé aux Aſſemblées Synodales de cet Evêque, & comme plus ancienne Abbaye, pourquoi lui appartenoit *le Tiers-
pied dans la Ville de Boulogne* ; les Commiſſaires declarerent que l'Appel des differens Seigneurs ne pourroit nuire à leur rang, ni à leurs
droits. Cette conteſtation de prééminence entre ces deux Abbayes n'a ceſſé
que lors de l'érection de l'Abbaye de Notre-Dame de Boulogne en Evêché.

Cette Abbaye de Samert eſt fondée par les anciens Comtes de Boulogne
qui étoient en même-tems Comtes de Samert ; ces deux Comtez etant autrefois poſſedez par la même perſonne, quoique diſtincts & independans l'un
de l'autre.

Saint Vulmart, fils de Valbert Comte de Boulogne, qui vivoit ſous le

Grand Clovis, est le Fondateur de cette Abbaye, il l'a doté de tout son Comté de SAMERT-AU-BOIS, & de ce qui lui appartenoit dans le Boulonois ; aussi a-t-elle son Bailliage à part , * Scel authentique, *les Armes du Comté de Boulogne*, le Tiers-pied dans la Ville de Boulogne, & autres Droits. La Chronique du Boulonois nous apprend que Guy surnommé la Blanche-barbe, Successeur d'Arnouf fils d'Erniculle, augmenta le Domaine de l'Abbaye de plusieurs Terres dans le Boulonois, & y fit mettre la Reforme, comme on le voit par une Chartre de 1107. & par une Bulle de Paschal Second audit an 1107, après que les Normans eurent ravagé tout le Pays, Lusride étant pour lors Abbé ; en l'année 1112, Eustache frere puisné du Grand Godefroy de Bouillon qui lui avoit laissé le Boulonois, confirma à l'Abbaye de Samert, autrefois dite *Abbaye de Saint Vulmart-des-Bois*, tous les Droits, Privileges & Immunitez, que son Fondateur & les précedens Comtes de Boulogne lui avoient donnez ; il lui confirma toute la Seigneurie *dans les Villages & Bourgs* qui en dépendoient, & qui sont nommez dans cette Chartre ; & il reconnoît qu'outre ces Villages qui dépendent entierement de l'Abbaye, elle a *encore plusieurs Hôtes aux environs de Boulogne, en tels ou tels lieux* ; & il ajoûte, *& in aliis pluribus locis*, sur lesquels l'Abbé *a tout Droit*, sans que les Officiers de lui Comte y *ayent rien à voir*: il confirme tous les Droits qu'elle peut avoir reçûs & qui ne sont pas énoncez dans cette Chartre, ou qu'elle recevra dans la suite pour les tenir dans la même Franchise, avec les mêmes Privileges, & la même indépendance.

En l'année 1161, Matthieu d'Alzace, frere de Philippe d'Alzace, Comte de Flandres, qui avoit enlevé & épousé Marie fille d'Etienne Roi d'Angleterre, Abbesse de Ramisey en Angleterre, & qui étoit l'heritiere de Boulogne, s'étant fait reconnoître Comte de Boulogne, confirma encore l'Abbaye de Samert-aux-Bois, dans tous les Droits & Privileges, tant sur les Villages, que ses Hôtes & Tenanciers répandus dans plusieurs endroits autour de Boulogne, *& in pluribus aliis locis*.

On en trouve encore une troisiéme d'Etienne, Comte de Boulogne de l'an 1145, confirmative de tous ces Privileges & de toute Jurisdiction sur ses Vassaux & Hôtes, (elle est mise hors de son rang & mal à propos datée de 1245, au lieu de 1145, dans l'Arrêt dont on va parler.) Cet Etienne fut celui qui s'empara du Royaume d'Angleterre en 1136 , & qui avoit épousé Mahaut : Toutes ces Chartres disent, *habet etiam præfata Ecclesia terras & hospites circa Boloniam apud Heluras, &c. & in aliis pluribus locis*, & sur tous ces Vassaux & Tenanciers une Jurisdiction absoluë, les Officiers du Comté de Boulogne ne pouvant l'y exercer, que dans les cas, que l'Abbé les appelleroit à son secours. *Si vocaverint me vel servientes meos Abbas vel Monachi in auxilium sibi pro aliquâ injuriâ, iis illatâ sine morâ debemus eis subvenire (sed nonnisi vocati fuerimus.)*

Tout le monde sçait que ce mot *Hospes*, dans les anciens Titres portant denombrement d'un Territoire Seigneurial ou Donation d'une Seigneurie, signifioit ce que nous appellons Tenanciers, en Boulonois *Cotiers*, Roturiers, Censitaires, *Hospites* a *seu stagiarii*, comme étant & demeurans dans la Seigneurie du Seigneur.

Ces Concessions & Confirmations firent naître une question de Garde entre le Comte de Boulogne, & l'Abbé de Samert lors dit, *Sancti Vulmari de Nemore.*

En 1299, le Comté de Boulogne prétendit avoir la Garde de l'Abbaye de Samert, & de ses dépendances, en quelques endroits du Boulonois qu'ils fussent situés. Cette Garde n'étoit pas celle que l'on voit avoir eu lieu autrefois en Angleterre, en Ecosse, en Normandie, & dont on voit encore des vestiges en Anjou, que l'on appelloit Garde *b* Royale, qui consistoi: à percevoir les Fruits & Revenus des Vassaux pendant leur minorité, & dont il revenoit une Indemnité, lorsque le Fief sujet à Garde tomboit en main-morte, ni le Droit de Regale, tel que le prétendoient plusieurs Hauts Seigneurs, en ces tems-là sur les Abbayes & Prieurez à leur nomination, pour jouïr des Fruits pendant les Vacances. Brussselles de l'usage des Fiefs nous en rapporte les exemples, Tom. 1, L. 2, Ch. 17, & Tom. 2, L. 4.

L'Arrêt qui intervint, fait voir que ce n'étoit qu'une Garde d'Avoüerie, *Si Monachi vocaverint in auxilium sibi sine morâ debemus eis subvenire*, disent les Chartres, en sorte que le Comte de Boulogne prétendoit avoir le Fief de Garde, l'Avoüerie de Samert & ses Dépendances ; c'est ce qu'en Dauphiné suivant M. Salvain Chap. 74, on nommoit *Feudum Guardiæ*.

L'Abbé de Samert au contraire prétendit être en la Garde & protection du Roi seulement, comme apparemment ayant été libre de se choisir un Avoué ou Défenseur par la Franchise de sa Fondation.

Et cela sans doute à cause de cette Clause qui suit celle dont on vient de parler, & qui s'explique ainsi : *Sed non nisi vocati fuerimus.*

Par l'Arrêt on jugea en faveur du Comte de Boulogne, dont les Auteurs avoient été les Fondateurs & Bien-faiteurs, puisque Saint Vulmart lui-même étoit fils de Valbert, Comte de Boulogne, de qui il herita le Comté de Samert & dépendances qu'il consacra à Dieu.

Mais l'Arrêt n'adjugea cette Garde que comme une simple Avoüerie, sans aucun droit sur l'Abbaye ni sur ses Domaines tels qu'ils fussent ; Voici les termes de l'Arrêt : *Pronunciatum fuit per Curiæ nostræ judicium gardam prædictæ Ecclesiæ Sancti Vulmari suorumque bonorum omnium & rerum scituatarum in Comitatu Boloniensi & ejus pertinentiis ad dictum Comitem pertinere.*

(*Ita tamen quod in casibus contentis seu Privilegiis dicti Monasterii quarum vel quorum tenores inferius continentur, dictus Comes non poterit nec debebit se, de Garda intromittere, nisi ex parte dicti Monasterii super hoc requisitus,*) Et ces Chartres sont transcrites dans l'Arrêt, ce sont les trois ci-dessus rapportées. On sçait que le Comté de Boulogne passa à la Maison d'Auvergne en 1261. Robert fut le premier Comte de Boulogne de cette Maison ; il étoit fils de Guillaume Comte d'Auvergne, qui avoit épousé Marguerite de Brabant, qui dans la succession de Mahault de Boulogne sa mere, avoit été préférée à Henry III. Duc de Brabant, petit-fils, par Arrêt de la Cour de l'année 1260.

On sçait qu'en 1477, le Roi Louïs XI. (qui connoissoit l'importance de réünir à la Couronne ce Comté, qu'il avoit fait restituer à Bertrand Comte d'Auvergne après la mort de Charles Duc de Bourgogne fils de Philippe, qui se l'étoit fait ceder par le Traité de 1465, appellé le Traité du Bien-Public) le reprit du Comte Bertrand, & lui donna en Echange la Jugerie de Lauraguais & ses appartenances sous le titre de Comté ; & afin d'ôter à l'avenir toutes les contestations au sujet de la Mouvance de ce Comté, que les Comtes d'Artois prétendoient, le Roi étant Maître de l'Artois, par ses Lettres Patentes du mois d'Avril regiftrées en Parlement le 18 Août 1478, il transfera, ceda & transporta cette Mouvance à la Sainte

Vierge , pour l'Hommage en être rendu en son Eglise de Notre-Dame de Boulogne , à chaque mutation de Rois , & sous le relief d'un Cœur d'or pesant treize marcs , & en même tems érigea une Senechaussée à Boulogne, pour tout le Pays de Boulonois dont le ressort seroit en la Cour. Ces Lettres d'Erection de la Senechaussée sont du 18 Avril, regiftrées en la Cour le 26 Janvier 1478, alors l'année commençoit à Pâques.

Lors de ce Contrat d'Echange qui est en la Chambre des Comptes, il fut fait un Denombrement des Fiefs de ce Comté. Un Historien moderne prétend que les Fiefs dependans des Abbayes de Samert, de Longvilliers & de la Baronie de Lyannes, qui sont pourtant *des appendances du Comté*, n'y furent pas compris. Peut-être le Roi les possedoit-il dès-lors, & ce Denombrement n'étoit fait *que pour fixer la soute en argent*, de l'acquisition que le Roy faisoit ; Peut être même cet Historien s'est-il trompé. En effet, l'Abbé de Thou a tiré une Copie collationnée de ce Denombrement d'une Expedition originale qui est actuellement *dans le Trefor des Archives de la Baronie d'Ordie* premiere Baronie du Boulonois, & cette Copie ne peut-être démentie que par le rapport de l'Original qui est à la Chambre des Comptes, & dans les Fiefs de la Dotation de l'Abbaye, (on lit, le *Sieur de Manneville*,) un Fief ; c'est le Sieur de Manneville, que represente le Comte de Mailly, & effectivement, comme on le prouvera, il a été jugé contradictoirement avec M. le Procureur General, que Manneville n'étoit point un Fief dependant *d'Evrefne*, qui est, comme Samert, une appendance ou appendice du Comté.

Descendons plus particulierement dans la Mouvance de Samert, sur Manneville, & le Comte de Mailly va être convaincu de ce dont on est persuadé, qu'il n'a pas ignoré, non seulement que son Fief, ou s'il le veut absolument, que sa Terre de Manneville n'a jamais été un Fief tenu du Roi, comme il le prétend, mais que cela est impossible en Boulonois ; & de là, trois Propositions. 1°. Qu'il est impossible que le Fief de Manneville releve du Roy *à cause de son Comté de Boulogne*, comme le disent la Quittance vraie ou simulée du Receveur du Domaine, produite par le Comte de Mailly, les Sentences & Ordonnance du Bureau des Finances d'Amiens, la Foy & Hommage & le Denombrement qu'il a rendu au Roi ; 2°. Qu'il n'est pas vrai dans le fait que ce même Fief releve du Roy *à cause de son Bailliage d'Evrefne*, comme le suppose le Receveur dans sa Commission, & Saisie Feodale , & les Juges de la Senechaussée de Boulogne dans leur Sentence du 20 Juillet 1716 ; enfin que ce qui est vrai, jugé tel, & avoüé tel par les Auteurs, *par le Pere même du Comte de Mailly*, c'est que le Fief qui porte le nom de Manneville, qui est dans la Paroisse de Manneville, releve en Fief & Justice de l'Abbaye de Samert-aux-Bois.

Avant que d'établir, comme on va le faire *luce meridianâ clarius* ces trois Propositions, le Comte de Mailly trouvera bon qu'on lui demande comment depuis 1715 jusqu'en 1721, que l'Abbé de Samert, qui croyoit toûjours que son Vassal reviendroit à lui, l'a laissé agir ? Ni lui, ni ses Gens d'Affaires, ni ce Receveur du Domaine si zelé pour ses interêts, ni les Juges de la Senechaussée de Boulogne, ni ceux du Bureau des Finances d'Amiens n'ont pû dire , *comment, ni à cause de quoi ce Fief* étoit Mouvant du Roi. On l'a observé dans le fait, *tantôt c'est à cause du Bailliage d'Evrefne*, tantôt c'est *à cause de son Château de Boulogne*, tantôt *à cause de son Comté*. La difference est pourtant grande. Dans l'un c'est être Membre d'un Appendant de Boulogne ; dans l'autre c'est former le Corps du Comté même, me, & en être un *Memb.e ou l'Appendant*. Pourquoi cette variation, quand on avoit tant de loisir de fixer cette *cause de Mouvance Royale ?* C'est que la verité de cette Mouvance, telle que le Comte de Mailly la souhaitoit, n'étoit sensible ni aux yeux du Receveur du Domaine, ni aux yeux des Juges, & on est persuadé qu'ils se sont bien attendus qu'une simple Opposition, ou un Appel de toute cette Procedure *par defaut*, renverseroit toute cette structure. Demontrons qu'en cela ces Juges ont sainement pensé, ou au moins que l'Abbé de Thou les fait penser, comme ils auroient dû juger.

PREMIERE PROPOSITION.

Il est impossible en Boulonois, que le Fief du Sieur de Mailluy, situé dans la Paroisse de Manneville, soit Mouvant du Roi à cause de son Comté de Boulogne.

La Coûtume de Boulonois nous apprend dans le Titre premier, Articles 1, 2, 3, 4, 6, 7, 8, 9, 10, 12, 13, tout ce qui forme le Corps du Comté, comme Membre, appendant, ou *appendances*, ce sont les termes des Articles 4 & 13. On sçait en termes de Fief, ce que c'est qu'un Appendant, dont parlent les Coûtumes, & anciennes Chartres, c'est ce qui n'étant pas Membre primitif de la Terre, y a été ajoûté, & en est devenu *Membre* par succession de tems. Bruffelles de l'usage des Fiefs, Tom. 1. P. 17. ainsi Samert autrefois un Comté separé, a été fait appendant du Comté, & en est devenu *Membre* Art. 1 de la Coûtume.

La Coûtume commence par ces mots bien énergiques, (*Le Roy a*) six Abbayes : Celle de Samert y est bien énoncee, quatre Prieurez, autrefois la Comté de Saint-Pol *à cause du Château d'Evrein* appendant du Comté de Boulogne, dit l'Article 4. (Cette Mouvance n'a plus lieu depuis les Lettres Patentes de 1707, qui rendent le Comté de Saint-Pol mouvant de la grosse Tour du Louvre, pour terminer la contestation entre l'Artois & le Boulonois.) Douze Baronies, dont la premiere *est la Baronie d'Ordre*, où est l'expedition originale du Contrat d'Echange, & sur laquelle on a collationné la Copie produite par l'Abbé de Samert. Quatre Pairies, c'est-à-dire ceux qui doivent leur service en la Senéchaussée. Le Commentateur de la Coûtume remarque que ces Pairs nommés *Pares Curiæ* sont en usage dans plusieurs Coûtumes voisines.

Quatre Châtellenies tenuës du Roy, huit Baillages Royaux, cinq Villes de Loy Privilegiées, cinq Villages enclavez au Pays d'Arrois tenus du Roy *à cause de son Baillage d'Evresne*, voila ce qui forme le Corps du Comté, ce sont ce que la Coûtume appelle *Appendance ou Appendans du Comté*. Tous ces Appendans sont reunis sous une même Foy, & forment le Comté de Boulogne qui est un Domaine de la Couronne.

De ces Appendans le Roy en tient plusieurs *par luy même*, comme *d'Evresne*; les autres sont tenus *par des Seigneurs particuliers*, comme Samert, la *Baronie d'Ordre*, &c. Que le Comte de Mailly cherche dans le détail des Fiefs qui font le Corps du Comté, qui en sont les Membres & les Appendans, s'il y trouve le Fief qu'il possede à Manneville.

Ce dénombrement des Fiefs tenus du Roy en Boulonois à cause de son Comté, c'est-à-dire, parce qu'ils sont une *portion du Corps ou des Appendans* ces, qui par la suite sont *devenus* Membres du Comté, est copié d'après la Coûtume.

Tous les autres, s'ils n'ont une tenure *immediate, prouvée & établie par* Lettres Patentes bien & duëment enregistrées, (peut estre les Gens-d'Affaires du Comte de Mailly ont-ils cette Piéce de reserve en poche, pour la produire lors du Jugement) tous les autres Fiefs ne sont tenus du Roy, que *mediatement à cause de quelques-uns des Membres & Appendances du Comté.* (A le Roy) lesdites *Eglises, Barons, Pairs, & Châtelains, plusieurs Fiefs & Seigneuries (sous eux *,)* le Roy en a *sous* luy *à cause de quelques-unes de ses Abbayes, de ses Baronies, Châtellenies & Bailliages,* & ces Seigneuries ont *sous eux* leurs Vassaux, leurs Hôtes & Tenanciers qui font leur Domaine. L'Abbé de Thou le dit avec cette confiance que la verité permet ; il est impossible que le Comte de Mailly trouve son Fief ou Terre de Manneville tenu immediatement du Roy *à cause de son Comté,* s'il ne prouve que son Fief de Manneville, qui n'est *ni Comté, ni Baronie, ni Pairie, ni Châtellenie, ni même* Village, n'ait esté fait *Appendance du Boulonois.*

Parlons donc plus exactement ; ramenons les choses au point de verité, qui doit animer tous ceux qui veulent obtenir à leurs fins, dans un Tribunal, où la verité seule trouve accès, où elle se fait connoître à travers tous les nuages dont la Chicanne veut l'envelopper. Disons sincerement que le Fief ou Terre de Mannevile n'est point tenu du Roy *à cause de son Comté,* parce que cela est impossible suivant la Coûtume ; si le Fief n'est une Appendance du Comté, parce qu'aucun Titre ne le prouve, si ce ne sont les Actes de Foy & Dénombrement, & les Ordonnances *qui font le Litige,* qui sont *par l'Appel* soumis à la décision de la Cour, & qui étant tous *par défaut,* ne font pas le préjugé le plus leger.

Disons que ce Fief, pour parler le langage de la Coûtume, est sous quelqu'une des *Appendances* du Comté, & comme tel tenu *mediatement* du Roy, comme estant mouvant d'une *Appendance* du Comté ; & dans ce cas il faut *encore distinguer la forme * de reconnoître la Mouvance,* si c'est une Appendance que le Roy tienne par luy-même, comme par exemple *son Bailliage d'Evresne ;* en ce cas, c'est en la Chambre du Bureau des Finances, que le Vassal mouvant de *cette Appendance rend la Foy *,* & donne l'Aveu, comme *tenu du Roy à cause de ce Membre ou Appendance ;* ou c'est à cause d'une Appendance, *dont joüit * un Seigneur,* comme le *Baron d'Ordre ou l'Abbé de Samert ou autres,* & en ce cas le Vassal rend sa Foy & Aveu *au Seigneur,* qui tient *ce Membre ou Appendant* du Comté, & le Seigneur le reporte au Roy ; dans l'un & l'autre cas ce Fief ne sera toûjours tenu du Roy que *mediatement* à cause d'un des Membres du Comté, & non pas tenu *à cause du Comté,* parce qu'il ne forme pas le Comté, & il doit faire la Foy à celuy qui joüit de l'Appendant *sous lequel il est,* pour parler le langage de l'Article 16.

DEUXIE'ME PROPOSITION.

Il n'est pas vrai dans le fait que le Fief ou Terre de Manneville soit tenu du Roy à cause de son Bailliage d'Evresne, qui suivant l'Article 4 de la Coûtume, est des Appendances du Comté.

La Commission obtenuë en 1715 par le Receveur du Domaine pour saisir ce Fief, la Saisie Feodale de ce Fief, & la Sentence de la Senéchaussée de

Boulogne du 20 Juillet 1716 , nous le difent ; mais

1°. Il y a Appel de tout cela : fi des Titres bien authentiques ne viennent au fecours de ces énonciations, il faudra y paffer l'éponge.

2°. Les Ordonnances du Bureau des Finances d'Amiens qui *font auffi par défaut* , *& dont il y a Appel* , la Foy & Hommage, & l'Aveu & Denombrement, auxquels il y a Oppofition , détruifent cette énonciation. Ces Actes difent *à caufe du Comté même* , ce n'eft donc plus à caufe *du Bailliage d'Evrefne* qui n'eft qu'une portion, *une Appendance du Comté* , & ce ne peut eftre à caufe du Comté en entier parce que ce Fief n'en eft pas luy-même un Membre ou Appendant , comme on vient de le prouver.

TROISIE'ME PROPOSITION.

Cela eft jugé.

En 1613 le Subftitut de M. le Procureur Geneneral au Bailliage Royal d'Evrefne fit affigner l'Abbé de Samert pour voir dire qu'il ne pourroit affigner fes Vaffaux, Hôtes & Tenanciers à Samert , mais au Bailliage *d'Evrefne* en premiere Inftance ; Affignation en la Cour, Defenfes de l'Abbé de Samert, il y explique bien au long fon Droit de *Haute-Juftice* fur le Bourg de Samert, fur tous *fes* Vaffaux , Hommes de Fief, Hôtes , Tenanciers dans les Villages dependans de fon Abbaye. Il y fait *l'énumeration des Hommes de Fief ou Vaffaux*, qui font obligez de venir affifter à fes Plaids chacun à leur tour de quinzaine en quinzaine , & dans ces Hommes de Fief, c'eft à-dire Vaffaux , fe trouve parfaitement *le Defservant le Fief de Manneville*, c'eft-à dire celuy qui reprefente le Vaffal ; c'eft ce qu'on expliquera dans la fuite.

Le Subftitut de M. le Procureur General *ne reclama point ce Fief de Manneville* comme fon Vaffal & jufticiable *immediat* , il ne le détacha point de tous ceux qui par fes Défenfes eftoient detaillez comme *Feodaux de Samert* , & obligez de s'y trouver ; il combattit feulement pour luy, *collective* avec tous les Vaffaux , Hôtes , Tenanciers & Villages dépendans de Samert. Ce Subftitut eftoit fi affectionné à ce Procès, que quoiqu'il dût eftre content de ce que *M. le Procureur General* fe trouvoit partie pour le Roy en cette Affaire, il donna en la Cour une Requefte d'Intervention *en fon nom.*

Le 18 Juillet 1623, Arreft fur Productions refpectives *fur les Conclufions de M. le Procureur General, Partie* , par lequel fans avoir egard à *l'Intervention de fon Subftitut*, on maintient & garde l'Abbé & Religieux de Samert en la poffeffion & jouiffance de la Haute, Moyenne & Baffe Juftice fur tous *les Hôtes, Tenanciers & Habitans du Bourg de Samert & Villages en dépendans en Boulenois.* Cette Haute-Juftice doit s'exercer avec les Feodaux, c'eft à dire fes Vaffaux ; on *n'en excepte aucun* de ceux que l'Abbé de Samert *avoit énoncé dans fes Défenfes & autres* Actes, & qui par leur nombre beaucoup plus que fuffifant pour une Seigneurie ordinaire, luy donnoit le Droit de Haute-Juftice fur tous les Villages de fa dépendance, & Manneville qui y eft *expreffement nommé* comme un des Feodaux obligé d'affifter aux Plaids de Samert à fon tour, n'eft point *reclamé par le Subftitut* , ni par M. le *Procureur General ;* on ne le revendique point comme une portion immediate de ce Bailliage *d'Evrefne* , qui doive fuivre & la Mouvance Feodale, & le Reffort immediat de fa Juftice en premiere Inftance.

La confequence eft victorieufe. Donc Manneville n'eft point tenu *du*

Roy à cause de ce Bailliage d'Evresne, parce qu'en *Boulonois la Justice suit le Fief.*

Avant d'achever la preuve de la troisième Proposition, il est bon d'expliquer ce qu'en Boulonois on entend par *les Feodaux d'une Seigneurie & le Desservant le Fief.*

Ces termes sont communs en Picardie, il y en a un exemple dans la Coûtume d'Amiens; Boulogne est de cette Generalité; le Bureau des Finances d'Amiens est pour le Comté de Boulogne.

Commençons par notre Coûtume.

L'Article 14 donne le signe de la Haute-Justice à celuy qui a *cinq Hommes de Fief sous luy.*

L'Article 17 dit que le Seigneur de Fief qui a *trois Hommes de Fief*, a commencement de Cour, & qu'il *peut exercer* sa Justice en empruntant de son Seigneur Superieur deux de *ses Hommes de Fief*, en demandant, lesquels il est tenu luy bailler.

L'Article 18 nous apprend ce que c'est *que l'Homme de Fief.* Et peut *ledit Seigneur bailler de sa Terre en Fief pour augmenter ses Hommes de Cour.* L'*Homme de Fief* d'un Seigneur, *son Feodal*, suivant le stile du Pays, est donc en bon françois *un Vassal*, en sorte que le Seigneur qui a *cinq Vassaux* possedans Fiefs mouvans de luy, *a la Haute-Justice;* s'il n'en a que trois, il peut en emprunter deux de son Seigneur Dominant, qui ne peut les luy refuser. Voila ce qui donne la Haute-Justice en Boulonois, elle ne dépend * pas *de l'énonciation des Titres*, elle *dépend absolument* de la Coûtume; dans cette Coûtume, il y a Haute-Justice *de Droit*, & Haute-Justice *par exercice* : C'est ce qu'on expliquera dans la suite; & ce qu'il y a de remarquable en cette Coûtume, comme en quelques autres de Picardie, & même en Poitou, on n'y suit pas cet axiome public de France, *Fief & Justice n'ont rien de commun*, en ces Coûtumes la *Justice suit le Fief*, & plus le Fief est grand par ses Vassaux, *plus la Justice est grande;* trois Vassaux ne donnent que *commencement de Cour*, cinq donnent *la Haute-Justice.*

Le Commentateur de cette Coûtume & l'Auteur des Notes sur ces Articles 17 & 18, nous apprennent deux motifs principaux des ces Articles.

Le premier, c'est qu'en ces Coûtumes on a retenu l'image parfaite de *la Justice*, telle que les *Seigneurs la rendoient autrefois :* ils étoient assistez de leurs Vassaux *en personne*, parce qu'ils la rendoient *en personne ;* & dans cette Coûtume les Fiefs ont été accordez pour assister le Seigneur Dominant dans *l'exercice* de sa Justice.

Le 2e motif de ces Articles qui permettent au Seigneur de Fief, qui lui-même est *Feodal* d'un Superieur (car cela ne peut-être autrement,) *d'exercer* sa Haute-Justice dans son Fief, en *empruntant* deux Hommes Feodaux de son Suzerain, lequel ne peut les refuser, ou de donner de son Domaine en Fief, *pour se faire cinq Hommes de Fief pour exercer* sa Haute-Justice : ce motif est, que les Vassaux y sont obligez de servir les Plaids de quinzaine en quinzaine en la Cour de leur Seigneur ; la Coûtume qui les y oblige, *comme Compagnons de Justice* du Seigneur dont ils sont mouvans, leur permet, *moyennant cet emprunt*, quand ils n'ont pas eux-mêmes *les cinq Hommes de Fief* sous eux, *d'exercer une Justice comme leur Seigneur : Tanquam Socii, Pares Curiæ.* Quand les Vassaux ont *sous eux* cinq Hommes de Fief, ils ont, comme le Seigneur dont ils sont mouvans, *une Haute-Justice ;* c'est ce que la Coûtume d'Amiens Article 25 appelle *tenir son Fief en Pairie*, ou plein Hommage. *Tanquam Pares Curiæ.*   M.

M. Du Fresne, dont nous avons le Commentaire sur Amiens, nous explique cet Article 25 par le même motif de l'obligation que le Vassal a de *servir aux Plaids de son Seigneur Superieur*. Mais il remarque judicieusement que *cette association de Cour des Vassaux avec leur Seigneur ne change, ni leur état de Vassal, ni leur Mouvance, ni les Titres, ni les Droits que les Seigneurs* ont sur eux, & ce n'est que pour faire honneur au Seigneur Superieur que l'on accorde à ces Vassaux le pouvoir, ou en *empruntant*, ou en donnant de leur Domaine en Fief, de se former une Haute-Justice en leur Fief, pour les rendre *Pairs de la Cour* de leur Seigneur, en laquelle ils sont obligez de servir tour à tour, en sorte que *Pair & Feodal* sont synonymes, Coût. du Hainaut, Chap. 1 & 5. C'est aussi le sentiment de M. Charles Dumolin. *Hic significantur Pares, Curiæ scilicet Feudalis, seu Dominicæ.* Art. 1 de Hainaut.

Expliquons à present ce que c'est que *le Desservant* le Fief, comme on lit dans les Jugements produits par l'Abbé de Thou; *Le Desservant le Fief du Comte de Mailly à Manneville, &)c.* Cela est facile : Autrefois les Seigneurs rendoient la Justice *en personne*, & alors les hommes *Feodaux* obligez *de servir* aux Plaids, devoient aussi y assister *en personne*; mais à present les Seigneurs ne la rendent plus en personne, ils ont leur Bailly qui *dessert le Fief &) la Justice*, parce qu'en Boulonois l'un suit necessairement l'autre; & de même les Feodaux, les Vassaux ne sont plus obligez d'y venir *en personne*, ils y font trouver leur Desservant, c'est-à-dire celui qui exerce en leur nom, *leur Justice*, ou celui qu'ils ont preposé pour *acquitter les charges de leur Fief;* Ce n'est pas comme des Graduez appellez par le Bailly du Fief Dominant, que ces Desservans y assistent, comme le Comte de Mailly a voulu l'insinuer dans ses Ecritures, mais comme *obligez* d'y assister à leur tour de quinzaine en quinzaine, au-lieu des Vassaux *en personne.*

Etablissons encore plus positivement la troisiéme Proposition. Le Fief du Comte de Mailly à Manneville est mouvant en plein Fief & Justice de l'Abbaye de Samert-aux-Bois. Cela sera encore plus facile à demontrer, il ne faut qu'exposer les Titres; ils sont d'autant moins sujets à critique, qu'il n'y en a presque pas un que le Comte de Mailly ne puisse tirer du Tresor de ses Archives. On n'en donnera ici que l'Extrait.

Titres qui prouvent positivement la Mouvance de l'Abbé de Thou.

1477, Copie tirée des Archives de la Baronie d'Ordre, premiere Baronie du Comté de Boulogne dans lequel entre les Fiefs de l'Abbaye de Samert, appendance du Comté, l'une des six Abbayes Royales * du Comté, *le Fief de Manneville* y est compris.

* Art. 6 de la Coûtume.

Un Memoire ancien non signé, des mêmes Fiefs de l'Abbaye, où il est dit *Thibaut Mailly a un Fief à Manneville;* Ce Memoire doit être vers 1594, comme les Titres le prouvent.

Extraits de Comptes rendus par les Receveurs de l'Abbaye de Samert pour 1548 & 1551, par lesquels appert *Jeanne de Manneville fille &) heritiere d'Antoine de Manneville* avoir payé 37 s. Parisis, deux gelines, demi-livre de cire, & une livre de poivre, plus six boisseaux d'avoine, *pour le Moulin dudit lieu.*

1563, Contrat de Mariage entre Jeanne de Manneville & Arthus Du-

D

pont-Dubourg, elle lui donne le quint de ſes immeubles, entre leſquels étoit *le Fief de Manneville.*

17 Mars 1567, Vente *à Thibaut Mailly* par leſdits Sieur & Dame Dubourg de la Terre *de Manneville.* Elle y declare que cette Terre releve *de l'Abbaye de Sammert-aux-Bois ; il y a retention d'Uſufruit.*

1. May 1574, Aveu rendu par leſdits Sieur & Dame Dubourg *à l'Abbaye de Samert pour Manneville.*

Enquête faite en 1579, qui prouve la Haute-Juſtice & Seigneurie de Samert *ſur Manneville* & autres Villages en dependans.

1594, Foy *& Hommage à l'Abbaye de Samert par Thibaut de Mailly* qui avoit acquis *Manneville ;* c'eſt depuis cet Acte que Thibaut de Mailly eſt dans le Memoire des Fiefs de l'Abbaye, dont on a parlé ci-deſſus.

La Dame Dubourg avoit fait ſon Legataire le Sieur d'Haubecourt, le Sieur de Laubec ſon Couſin avoit pris ſes Droits, la Dame Dubourg avoit acquis une Rente des Religieux de Longvilliers, ſur le Sieur de Mailly ; il y avoit eu Tranſaction entre elle, & Thibaut de Mailly ; le Sieur de Laubec fait aſſigner le Sieur de Mailly pour la voir declarer executoire contre lui.

17 Octobre 1598, Sentence aux Requêtes du Palais qui declare cette Sentence executoire contre le Sieur de Mailly, le condamne à payer quatorze années d'arrerages & les interêts. Faute de payement le Sieur Laubec fit ſaiſir réellement *Manneville ;* Oppoſition par l'Abbé de Samert pour ſes Droits Seigneuriaux.

3 Août 1604, Adjudication *à la charge des Droits Seigneuriaux &) Feodaux ;* apparemment que le Sieur de Mailly ſçut reprendre la poſſeſſion de *Manneville,* c'eſt ce qu'on ne peut ſçavoir, ſes Succeſſeurs en ont toûjours jouï depuis.

En 1640, la Dame de la Fontaine *veuve de René de Mailly,* preſſée par l'Abbé de Samert de donner ſon Aveu, *demande délay.*

23 Juin 1643, Lettre de la Dame de la Fontaine.

10 Juin 1644, Procuration *donnée par la Dame de la Fontaine pour faire la Foi pour Louïs de Mailly ſon fils.*

En 1647, Lettres Patentes portant Echange entre le Roi & le Sieur de Mailly. Le Roi donnoit des Bois de la *Forêt d'Evreſne ;* le Sieur de Mailly donnoit des Bois, & le Château de Monthulin *dependance de Manneville.*

Le Sieur de Mailly pourſuit l'Enregiſtrement, prend la qualité indefinie de Seigneur de Manneville ; Inſtance au Parlement.

Le Sieur le Prévôt *Abbé de Samert,* donne ſa Requête d'Intervention, s'oppoſe à *l'Enregiſtrement,* demande 1°. *Que la qualité de Seigneur de Manneville* priſe par le Sieur de Mailly *ne puiſſe lui préjudicier.* 2°. Que les Lettres ne puiſſent être verifiées qu'à la charge *d'indemniſer l'Abbaye, pour les tenuës des Bois donnez* au Roi en Echange. Le Comte de Mailly n'ignoroit pas la *Mouvance,* il conſentit l'indemnité, à la charge qu'elle ſeroit employée aux reparations de l'Abbaye, *ſi mieux* n'aimoit l'Abbé ſe contenter de ſa declaration, *de tenir de l'Abbaye, les Bois qu'il recevoit en Echange, comme il tenoit ceux qu'il donnoit ;* il conſentit que la qualité par lui priſe *ne pourroit nuire ni préjudicier à l'Abbé.*

Arrêt du 8 Avril 1647 *ſur les Concluſions de M. le Procureur General,* qui ordonne que les Lettres Patentes ſeront enregiſtrées, ce faiſant que le Sieur de Mailly auroit cent cinquante arpens de Bois *dans la Forêt d'Evreſne,*

Triage de Bournonville, conformément au Procès-verbal qui en avoit été dreſſé, pour en joüir par ledit Sieur de Mailly, ſes Succeſſeurs & ayant cauſe conformément auxdites Lettres ; & ayant *égard à la Requête dudit le Prévôt & conſentement dudit Sieur de Mailly, ordonne que ledit Sieur de Mailly tiendroit leſdits Bois, que le Roy lui avoit donnez en Echange, dudit Sieur Prévôt comme Abbé de Samert, (ainſi qu'il tenoit ceux qu'il avoit donnez audit Seigneur Roy,) ſans que la qualité de Seigneur de Manneville par lui priſe, puiſſe nuire ni prejudicier audit Sieur Abbé.*

Le Grand-Maître s'étant oppoſé, l'Echange n'a pas eu lieu.

Mais l'Arrêt rendu ſur les Concluſions de M. le Procureur General, ne juge pas *moins la Mouvance en faveur de l'Abbé de Samert.*

En 1701, l'Abbé de Samert demanda au Sieur de Mailly lors les Droits Seigneuriaux de ſa mutation ; le Sieur de Mailly *ſomma l'Abbé de lui communiquer ſes Titres.*

15 & 16 Juin, Commiſſion & Saiſie Feodale de Manneville.

31 Juillet, *Procuration du Sieur de Mailly pour faire la Foi.*

13 Septembre 1703, *Aveu & Denombrement de Manneville rendu par le Sieur de Mailly à l'Abbé de Samert.* Cet *Aveu a été blâmé* en pluſieurs choſes. Ce blâme *ſubſiſte* aujourd'hui. Le Sieur de Mailly qui a donné ſon Denombrement, eſt *le Pere du Comte de Mailly.*

Autres Titres.

3 Décembre 1613, Commiſſion * obtenuë par le Procureur du Roi du Bailliage d'Evreſne, pour aſſigner l'Abbé pour voir dire qu'il ne pourroit faire aſſigner en ſa Juſtice ſes Hôtes Tenanciers, mais au Bailliage d'Evreſne.

Défenſes de l'Abbé, où il établit ſa Juſtice, & que ſes Feodaux ou Vaſſaux étoient obligez de venir à ſes Plaids ; il y nomme ſes Feodaux, & entre autres *le Feodal de Manneville.* Le Procureur du Roy donna encore en la Cour ſa Requête d'Intervention.

18 Juillet 1623, Arrêt ſur Production reſpective & Concluſions de M. le Procureur General, par lequel, ſans avoir égard à l'Intervention de M. le Procureur du Roi, on maintient & Garde le Bailly de Samert en ſa poſſeſſion & joüiſſance de ſa Haute, Moyenne & Baſſe Juſtice ſur tous ſes Hôtes Tenanciers & Habitans de Samert, & Villages en dependans. Cet Arrêt eſt ci deſſus rapporté.

Nulle *reclamation* par le Procureur du Roy, ni par M. le Procureur General des Feodaux énoncez dans les Défenſes de l'Abbé, *ni du Feodal de Manneville, qui eſt bien poſitivement.*

22 Octobre 1691, Sentence en la Juſtice de Samert, renduë par le Bailly aſſiſté des Deſſervans les Fiefs de ſes Feodaux, & entre autres *du Deſſervant le Fief du Comte de Mailly à Manneville.*

De tous ces Titres trois conſequences victorieuſes.

La premiere, de tout tems on a compté *Manneville* entre les Fiefs qui ſont *ſous l'Abbaye de Samert,* pour parler le langage de l'Article 14 de la Coûtume.

La ſeconde, les Ancêtres du Sieur de Mailly, & ceux dont ſes Ancêtres ont acquis, n'ont point reconnu d'autre Seigneur Dominant de leur Fief de Manneville, que *l'Abbé de Samert-aux-Bois.* L'Abbé de Thou prouve par une suite de Reconnoiſſances depuis 1563 juſqu'en 1715, que le Sieur de Mailly s'eſt fait donner l'occaſion de le méconnoître; c'eſt-à-dire que dans la Maiſon ſeule de Mailly, l'Abbé de Thou trouve plus de 150 ans de Reconnoiſſance de ſa Seigneurie Dominante.

La troiſiéme; Mouvance jugée avec un Ancêtre du Comte de Mailly, jugée avec M. le Procureur General par l'Arrêt du 8 Avril 1647, qui ordonne deux choſes importantes; la premiere, que le Comte de Mailly tiendra de l'Abbé de Samert, *les Bois qu'il prenoit du* Roi en Echange, comme il *tenoit ceux qn'il donnoit au Roi :* Donc ſuivant l'Arrêt ces Bois, qui faiſoient partie du Domaine de *Manneville* relevoient de l'Abbé de Samert, comme étant *une portion d'un Fief ſervant de l'Abbaye.*

La ſeconde, que la qualité priſe par le Comte de Mailly *de Seigneur de Manneville, ne pourroit nuire ni préjudicier à l'Abbé.* Cette qualité avoit été priſe par le Comte de Mailly, comme ſes Ancêtres l'avoient priſes à l'exemple de la Demoiſelle de *Manneville* qui leur vendit ce Fief en 1567. Mais comme l'Abbé de Samert étoit non-ſeulement Seigneur Dominant *de ce Fief*, mais qu'il a *encore une grande étenduë de Directe immediate dans cette Paroiſſe*, qu'il y a beaucoup *d'Hôtes Tenanciers*, ſur leſquels il a toute *Haute-Juſtice* ſuivant l'Arrêt de 1623, & qu'en cette qualité il eſt *le Seigneur Haut-Juſticier de* cette Paroiſſe, comme on le prouvera dans la ſuite de ce Memoire; donc jugé que l'Abbé de Samert eſt Seigneur Dominant & Haut-Juſticier *de la Paroiſſe de Manneville* & du Fief du Comte de Mailly qui porte le nom *de cette Paroiſſe.*

A tous ces Titres, le Comte de Mailly n'oppoſe autre choſe, ſinon que l'Abbé de Samert eſt non-recevable, parce qu'il lui a dénoncé toutes les Saiſies Feodales & pourſuites, ſans que l'Abbé de Samert ait pris ſon Fait & Cauſe.

La réponſe à cette fin de Non-recevoir, eſt que l'Abbé de Thou croyant que le Comte de Mailly n'iroit jamais juſqu'à porter la Foi & donner ſon Denombrement au Roi d'un Fief qu'il ſçavoit par tous les Titres ci-deſſus relever de l'Abbaye, a gardé le ſilence, mais tous les Jugemens, tous les Actes qu'on lui oppoſe ſont *par défaut*; il en a interjetté Appel en la Cour, ſon Appel met les choſes *en même état* qu'à *l'inſtant* de la Saiſie Feodale: il propoſe en la Cour ſes Moyens, qui en Cauſe principale *n'ont réçû aucune atteinte ;* Et dès-là cette pretenduë fin de Non-recevoir n'eſt qu'ideale, & ne peut produire aucun effet.

L'Abbé de Thou croit avoir démontré la Juſtice de ſon Appel; il ſe flatte d'avoir porté juſqu'au plus haut dégré d'évidence ſon Droit de Mouvance ſur Manneville; il a tout lieu d'eſperer des lumieres de M. le Procureur General, de ſon attention & de ſa juſtice, qu'il ne ſoûtiendra pas un Vaſſal, qui n'eſt & ne peut jamais être Vaſſal immediat du Roi. Il a tout lieu d'eſperer qu'un Arrêt de la Cour, en proſcrivant la conduite des Gens-d'Affaires du Comte de Mailly, mettra le dernier Sceau à la Mouvance que l'Abbé de Thou revendique à ſi juſte Titre. Paſſons au ſecond Chef de Conteſtation.

Fait & Procedure touchant le Procès-verbal de visite de chemins, fait par les Officiers du Comté de Mailly à Manneville, au Hameau de l'Epinoy, Paroisse de Manneville, contre les nommez Martel & Louchet.

Le 11 Juillet 1720, Robert Clabaut, soi difant Procureur Fiscal de la Justice de Manneville, requiert la visite des chemins, ruës & flegards.

Tranfport du Juge au Hameau * de l'Epinoy Paroisse de Manneville; le Procès-verbal porte qu'étant vis-à-vis la porte de Claude Martel, la ruë n'étoit pas pratiquable, il le condamne en 20 sols d'amande.

           * *Hic.*

Le 16, Commandement à la requête de Clabaut à Martel, de payer les 20 sols, faisie & execution de meubles; le 2 Août fuivant Clabaut déclare qu'il ne veut point se servir de la prétenduë faisie; elle étoit nulle, il en fait une nouvelle, on faifit une jatte d'étain.

Le 12 Août Requête de Martel au Bailly de Samert à fin d'oppofition à cette faisie, execution, de défenses de passer outre à la vente, & permiffion d'y affigner Clabaut.

Ordonnance qui donne Acte de l'oppofition, permet d'affigner au lendemain.

Le 13 Août, fignification de la Requête & Ordonnance à Clabaut, avec affignation.

Le 16, nonobftant cettre affignation, fignification de la vente de la jatte faisie fur Martel.

Le même jour oppofition de Martel.

Le 17, Sentence à Samert par défaut, laquelle attendu que Martel n'étoit pas judiciable de Maneville, déclare la faisie nulle. Signification le 26.

Le 27, Commandement à Clabaut, à la requête de Martel, de lui rendre la jatte.

Le 27 Octobre, Appel comme de Juge incompetent *par Clabaut*, comme ftipulant pour le Comte de Mailly, de la Sentence de Samert.

Le 4 Septembre, Intimation à Martel à la requête de *Clabaut*, pour proceder en la Senechauffée de Boulogne.

Le 23 Decembre, Sentence par défaut en la Senechauffée de Boulogne, obtenuë *par Clabaut*, qui dit qu'il a efté mal & incompetemment jugé par la Sentence de Samert, décharge *Clabaut* des condamnations portées par ladite Sentence, avec dépens.

Le 20 May 1721, fignification de la Sentence à Martel à la requête *de Clabaut*, avec commandement de payer les dépens.

Le 17 Juin, Executoire contre Martel.

Le 30, Signification avec Commandement; Martel pour éviter *les contraintes, paye.*

C'eft alors que l'Abbé de Thou informé de cette Procedure qui se fait *contre fon Hôte, son Tenancier*, & dès-là fon jufticiable immediat, fuivant la Coutume du Boulonois, où la Juftice fuit le Fief, s'oppofe à cette Procedure.

Le 9 dudit mois de Juin 1721, il donne fa Requête eu Lieutenant General de Boulogne, afin d'oppofition à la Sentence du 23 Decembre, & demande que celle de fon Juge foit confirmée. Cette Requête fut fignifiée à Clabaut, lequel avoit foutenu en fon nom l'Affaire contre Martel, *en ce Siege*, quoique *hors de fon Territoire.*

                                                E

Le 16 Juillet , Clabaut fait fignifier un Dire : il foutient d'abord que cette conteftation ne pouvoit regarder que Martel, condamné à une legere amande de 20 fols qu'il devoit payer , qu'il n'avoit fait autre chofe que d'interjetter Appel de la Sentence de Samert comme de Juge incompetent ; mais qu'en fa qualité *il n'étoit point Partie capable de difputer à l'Abbé de Thou, la qualité de Seigneur Suzerain de Manneville* , quoiqu'il fut notoire que Manneville fût mouvant du Roy, & conclut à ce que fans avoir égard à l'oppofition de l'Abbé de Thou , la Sentence fut executée.

L'Abbé de Thou fçavoit que s'agiffant d'un Droit de Juftice , d'une queftion d'étenduë de Territoire, & étant en Juftice Royale, Clabaut n'étoit pas Partie fuffifante pour y répondre ; il ne l'avoit fait affigner que pour voir fi ce Procureur d'Office *continuëroit de faire de cette affaire , fon affaire perfonnelle , comme il avoit fait auparavant.*

Le 22 Juillet, l'Abbé de Thou déclare que s'il avoit fait fignifier fa Requête d'oppofition à la Sentence, à Clabaut, ce n'étoit que parce qu'il avoit obtenu cette Sentence, mais non pour l'avoir pour Partie, n'y ayant que le Comte de Mailly Partie capable de répondre d'une Procedure faire contre *des jufticiables de Samert* , & il fomme le Procureur de Clabaut de déclarer s'il veut occuper pour le Comte de Mailly.

Le 17 Juin 1722 , Clabaut répond qu'il n'avoit interjetté Appel que parce qu'il n'étoit point jufticiable de Samert ; que l'Abbé de Thou peut au furplus fe pourvoir contre le Comte de Mailly.

Le 30 Juillet, Sentence qui ordonne qu'il en fera déliberé.

Le 18 Fevrier 1723 , Sentence qui ordonne *que le Comte de Mailly fera mis caufe* à la diligence de l'Abbé de * Thou.

Le dix-huit Juillet, Affignation au Comte de Mailly en execution de la Sentence.

Le 2 Août , Dire de l'Abbé de Thou *, par lequel il déclare au Comte de Mailly que ce qui l'a engagé à le faire affigner eft l'entreprife des Officiers de la Juftice de Manneville.

Le feize Decembre , Défenfes du Comte de Mailly * : il dit que la conteftation qui s'eft élevée entre Clabaut & Martel , *eft perfonnelle entr'eux , &* *ne l'intereffe point ;* que la queftion fe réduit à fçavoir fi Clabaut a efté bien traduit à Samert ; que c'eft chofe jugée entre les Parties , qu'il eftoit inutile de le mettre en Caufe ; que fi les Officiers de Boulogne trouvoient que le Juge de Samert pouvoit reformer *la Sentence de* Manneville, fur ce principe on pouvoit dire qu'il avoit efté bien jugé par la Sentence de Samert ; fi au contraire la Senechauffée de Boulogne eftimoit qu'elle eftoit feule competante de l'Appel des Sentences des Juftices patrimoniales, en ce cas la Sentence du 23 Decembre avoit bien jugé qu'il n'étoit nullement queftion de l'intereft de lui Comte de Mailly.

Ce Dire développe parfaitement que le Comte de Mailly *n'avoüoit* point fes Officiers dans leur entreprife ; il vouloit réduire la queftion à celle de fçavoir fi Clabaut avoit efté bien ou mal traduit à Samert ; mais la Requête d'oppofition de l'Abbé de Samert, les Réponfes de Clabaut, & la Sentence du 18 Fevrier 1723 , qui ordonnoit que lui Comte de Mailly feroit mis en Caufe, prouve que l'oppofition de l'Abbé de Thou à la Sentence du 23 Decembre de la Senechauffée de Boulogne , n'avoit d'autre objet que l'entreprife des Officiers de Manneville fur les Jufticiables de Samert ; entreprife que cette Sentence confirmoit, comme Clabaut l'avoüe dans le Commandement qu'il avoit fait faire à Martel en execution de l'Executoire du 11 May 1237. *Sentence dont est appel*, *qui deboute* l'Abbé de Thou de son opposition, & renvoye le Comte de Mailly de sa Demande, avec dépens.

Appel en la Cour de cette Sentence.

L'Abbé de Thou a intimé le Comte de Mailly , *& Clabaut qui étoit toûjours resté Partie.*

Clabaut a donné sa Requête , afin d'être déclaré follement intimé ; elle a eu le même sort que celle du Receveur du Domaine.

Le 6 May 1727 , Arrêt qui sur l'Appel *appointe les Parties au Conseil &) joint.*

Avant que de proposer les Moyens du fond contre cette Sentence , il faut observer 1°, que toute cette Procedure *a commencé entre Clabaut & Martel* , & que l'Abbé de Thou n'a agi contre Clabaut Procureur Fiscal de Manneville , que parce qu'il *l'a trouvé en Cause en son nom* , en la Senechaussée de Boulogne.

2°. Que l'Abbé de Thou n'est intervenu & n'a formé opposition à la Sentence du 23 Decembre que pour soutenir les Droits de sa Justice *. * Lire la Requête d'Opposition.

3°. Que ce sont les Juges dont est appel , eux-mêmes , qui par leur Sentence du 18 Fevrier avoient ordonné *que le Comte de Mailly seroit mis en Cause*, & cela par deux raisons. La premiere , que l'Opposirion que l'Abbé de Thou avoit formée , n'avoit pour *objet* que *le Droit de sa Justice* , & non la valeur d'une jatte d'étain , saisie sur Martel. La seconde , que Clabaut avoit soutenu que par rapport à ce Droit de Justice , *il n'y avoit que le Comte de Mailly qui pût défendre à l'Opposition.*

Dans ces circonstances n'est-on pas surpris avec raison d'une Sentence , qui ne considere que la personne de Clabaut , & qui sous ce point de vûë renvoye le Comte de Mailly d'une Demande que toutes les Parties convenoient ne devoir s'agiter qu'avec lui , & sur laquelle la Sentence du 13 Fevrier precedent avoit indiqué le Comte de Mailly , comme la seule Partie capable d'y défendre.

Une quatriéme Observation , est que les Défenses du Comte de Mailly prouvent nettement qu'il n'avoüoit point son Procureur Fiscal.

Enfin le Procureur Fiscal pouvoit-il se prétendre follement Intimé , lui avec qui nominativement & au profit de qui la Sentence dont est appel , est renduë ?

MOYENS DU FOND.

Il n'est pas question dans ce second Chef de Contestation de discuter ni la Mouvance , ni le degré de Justice du Fief de Manneville.

De quelque Seigneur qu'il soit jugé par l'Arrêt que ce Fief de Manneville releve ; quelque Justice que le Comte de Mailly puisse y prétendre , ce qu'on examinera dans la suite , il est uniquement question de sçavoir *si les Officiers de Manneville ont pû exercer leur Droit de Justice sur Martel & Louchet.* L'Abbé de Thou prétend que la maison de Martel , ainsi que l'autre , est située *au Hameau de l'Epinoy* * , & que lui seul , comme Seigneur immédiat * Fait constant dans l'Instance. de ce Hameau de la Paroisse de Manneville , y a la Haute-Justice sur Martel & Louchet , comme étant *ses Hôtes & Tenanciers* , l'Arrêt de 1623 l'ayant maintenu dans son Droit de Justice sur tous les Hôtes Tenanciers du Bourg de Samert , *& Villages en dépendans.*

Il y a une regle bien certaine en Boulonois , la Justice suit le Territoire du Fief ; elle ne s'étend pas plus loin ; & fuivant que le Fief a de Vaffaux fous lui, elle eft Haute ou Moyenne. Voilà le droit certain du Boulonois.

Par ladite Coûtume un Seigneur ayant *trois Hommes de Fief, a commencement de Cour , & peut exercer fa Juftice ès Mettes de fon Fief, en empruntant de fon Seignenr fuperieur deux de fes Hommes , en demandant lefquels, il eft tenu de lui donner. Art.* 17.

Et peut ledit Seigneur bailler de fa Terre en Fief pour augmenter fes Hommes & Cour. Art. 18.

Fief & Juftice font reciproques en cette Coûtume , dit l'Annotateur fur cet Article ; il en eft de même dans la Coûtume d'Amiens.

Ainfi fans recourir au Droit Commun, qui maintient chaque Jufticier dans l'étenduë de fon Territoire, il fuffit de ces Articles ; la Juftice ne s'étend dans cette Coûtume qu'ès *Mettes* du Fief.

Cela préfuppofé, voyons fi Martel eft dans la Directe du Fief de Manneville, ainfi que Louchet, tous deux demeurans au *Hameau de l'Epinoy*, Paroiffe de Manneville : s'ils n'y font pas, & qu'au contraire ils foient *les Hôtes de Samert.* La queftion eft facile à décider contre le Comte de Mailly.

La Paroiffe de Manneville, outre fa propre confiftance, a plufieurs Hameaux qui en dépendent & qui y touchent ; entr'autres le Hameau *de l'Epinoy*, du Choquet & de la Campagnette ; la maifon de Martel eft dans *le Hameau de l'Epinoy*, elle en porte le nom. D'abord même, & indépendamment de cette fituation, il fuffiroit à l'Abbé de Thou de prouver que la maifon de Martel n'eft point dans la Directe du Comte de Mailly, & que Martel n'eft point *fon Hôte.* Pour le prouver fans replique, il ne faut que l'Aveu rendu au Roy par le Comte de Mailly, & qui forme le litige. Cet Aveu eft compofé de tout le Fief de Manneville, tant en Fiefs fous luy qu'en Terres cotieres ou roturieres, & le Comte de Mailly n'y trouvera ni *Martel, ni la maifon de l'Epinoy* où il demeure. Dès là Martel & fa maifon, ni Louchet ne font point *fes Hôtes.* Dès là ils ne font point *ès Mettes* de fon Fief.

Or, s'ils ne font point *ès Mettes* de fa Seigneurie de Manneville, il ne peut y *exercer* fa Juftice, la Coûtume y eft expreffe ; il n'y a d'autre Seigneur direct dans la Paroiffe de Manneville que lui dans l'étenduë de fon Fief, & l'Abbé de Samert dans toute la Paroiffe ; & outre cela, comme on l'a ci-deffus prouvé, l'Abbé de Samert eft Suzerain de ce Eief de Manneville.

De quel droit donc ces Officiers du Comte de Mailly ont-ils fait leur vifite dans la ruë de l'Epinoy ? De quel droit ont-ils condamné en l'amande Martel & Louchet, qui ne font point les Hôtes , ni ès Mettes de cette Seigneurie ?

En faudroit-il davantage à l'Abbé de Samert pour eftre affûré de la profcription de la Sentence dont eft appel, & de toute cette Procedure faite par les Officiers de Manneville ? Non, affûrément le Comte de Mailly par fes Défenfes devant les Juges dont eft appel, ne prenant point le fait & caufe de fon Procureur Fifcal, comme il ne le prend point en la Cour, & difant que cette Affaire lui étoit *personnelle* ; ne donnoit-il pas à connoître qu'il n'approuvoit pas l'entreprife de fes Officiers fur ces Hôtes de Samert ?

Donnons la derniere main au Droit de l'Abbé de Samert ; portons-le à fa derniere perfection par l'énumeration de tous les Titres qui l'établiffent.

Titres

Titres de l'Abbé de Samert sur la Paroisse de Manneville.

Le 24 Janvier 1534, 25 Fevrier 1604, 5 Novembre 1609, 15 Novembre & 24 Decembre audit an, 22 Novembre & 20 Decembre 1612, 22 Decembre 1622, 31 Mars 1626, au nombre de quatre, 27 Août 1629, Déclarations & Aveux de differens Particuliers *du Hameau de l'Epinoy Paroisse de Manneville, rendus à l'Abbaye de Samert.*

Le 8 Août 1720, Contrat de vente de la Maison appellée de l'Epinoy, où demeure Claude Martel. Ce Contrat charge l'Acquereur de payer au Domaine d'Evresne 34 sols Parisis, 4 liv. 10 s. Parisis à l'Abbaye de Samert, neuf septiers d'avoine, un Chapon, deux Becasses & dix-neuf œufs, & ce pour toutes rentes & charges, des arrerages desquelles *Censives* l'Acquereur se charge.

Ces onze Déclarations & le Contrat de vente démontrent clairement que le Hameau de l'Epinoy, où est la Maison de Claude Martel, & aussi celle de Louchet, sont dans la directe immediate de Samert, & dès-là dans sa Haute-Justice, suivant la Coûtume, & suivant l'Arrêt rendu contre le Bailly d'Evresne.

Les Extraits de Comptes cy-dessus rendus par les Receveurs de Samert en 1550, & 1558, par lesquels au fol. 64 du compte est écrit, *Jeanne de Manneville, heritiere de défunt Maître Antoine de Manneville, pour les Termes de Noël & Saint Jean 37 sols Parisis, un Chapon, deux Gelines, une livre de Cire, une livre de Poivre, six boisseaux d'Avoine.*

Ainsi plus on avance dans cette Instance, plus on découvre l'entreprise manifeste des Officiers de la Justice de Manneville, sur les Hôtes & Tenanciers directs de Samert.

Le Comte de Mailly fait deux ou trois Objections.

PREMIERE OBJECTION.

Le Contrat de vente de la Maison où demeuroit ce Martel, est du 8 Août 1720, posterieur d'un mois au Procès-verbal fait contre luy par les Officiers de Manneville, d'où on peut inferer que Martel pour se faire un moyen, aura fait dire que toutes les redevances énoncées dans ce Contrat, tant celles dûës au Baillage d'Evresne, que celles dûës à Samert, étoient des Censives.

REPONSE.

Cette Objection est bien petite, & ne meriteroit pas d'être relevée. En effet les Proprietaires d'une maison, & un Acquereur pour faire plaisir à un Paysan leur Fermier lors, convertiront une simple redevance, qui peut être sujette à prescription, en Redevance censuelle qui ne se prescrit jamais.

DEUXIEME OBJECTION.

Le Contrat énonce deux sortes de Redevances ; l'une au Baillage d'Evresne, l'autre à Samert ; & il est dit que ces redevances tenoient lieu de Censives ; c'est une affectation.

RE'PONSE.

Voilà encore une Objection d'une auſſi mince étoffe. En effet , dire que les redevances qualifiées Cenſives , ne ſont pas toutes Cenſives , parce que l'on a affecté de les confondre ; c'eſt vouloir détruire ce qui eſt écrit dans un Acte autentique , ſans avoir d'autre moyen pour les détruire , que le chagrin de voir qu'on s'eſt engagé trop avant.

TROISIE'ME OBJECTION.

Le Contrat ne prouve point nettement que la Maiſon ſoit dans la Cenſive de Samert , & quand il le prouveroit , il ne s'enſuivroit pas qu'elle fût dans la Juſtice de Samert. *Fief & Juſtice n'ont rien de commun.*

RE'PONSE.

1°. Le Comte de Mailly qui s'efforce de faire croire que cette Maiſon n'eſt pas dans la Cenſive de l'Abbaye , prouve-t-il *qu'elle ſoit dans la ſienne ?* Lui , qui par aucun Aveu , par aucune Déclaration ne peut prouver ſa directe ſur un fonds de Terre du Hameau de l'Epinoy.

2°. Les Gens-d'Affaires du Comte de Mailly ne ſçavent pas leur Coûtume ; ce n'eſt pas en Boulenois qu'il faut faire uſage de cet Axiome , Fief & Juſtice n'ont rien de commun dans le ſens qu'ils le prennent , parce qu'en Boulenois la Juſtice ſuit le Fief , les Tenanciers , les Cotiers *ſont les Hoſtes du Seigneur* dans la Cenſive duquel ils ſont , & le Seigneur a la Juſtice *ſur ſes Hoſtes* , parce qu'il a *la Juſtice eſt mettes de ſon Fief.*

3°. Enfin le Comte de Mailly ne ſçait-il pas que par l'Arrêt de 1623 dont on a parlé ci-deſſus , l'Abbé de Samert a toute Juſtice, Haute, Moyenne & Baſſe *ſur les Hoſtes Tenanciers du Bourg de Samert & Villages en dependans.*

QUATRIE'ME OBJECTION.

Les onze Déclarations ci-deſſus prouvent bien une directe particuliere dans le Hameau de l'Epinoy , mais cela ne prouve pas la directe de Samert dans la Paroiſſe de Manneville.

RE'PONSE.

Les Pieces ne ſont produites icy que pour faire voir que le Hameau de l'Epinoy , qui eſt une portion de la Paroiſſe de Manneville , *eſt dans la directe immediate de Samert , & dès là dans la Haute-Juſtice* ; par conſéquent que mal-à-propos les Officiers de Manneville , , qui ne peuvent, ſuivant la Coûtume , *exercer* la Juſtice qu'ès Mettes du Fief de Manneville , n'ont pas pu dreſſer Procès-verbal contre un Hôte & Juſticiable de Samert , qui demeure au Hameau de l'Epinoy Paroiſſe de Manneville , lequel Hameau eſt dans la directe immediate de Samert : *Ergo , dans ſa Juſtice* immediate ; & l'on va prouver dans l'autre Partie que la Haute-Juſtice & le Droit de Seigneurie de Samert s'étend ſur toute la Paroiſſe de Manneville , ſoit en Fief , ſoit en Terres cotieres & Juſtice.

Concluons de tout ce que deſſus , que l'Abbé de Samert a ſeul le Droit
de Haute-Juſtice immediate *ſur le Hameau de l'Epinoy* , Paroiſſe de Manneville, que le Comte de Mailly n'y peut prouver *aucun Hôte* , *aucun Tenancier* , tel qu'il ſoit ; par conſéquent que *l'entrepriſe de ſes Officiers ſur
Martel & Louchet du Hameau de l'Epinoy eſt manifeſte* , & que les Sentences
qui l'ont autoriſées, ne peuvent ſubſiſter.

Paſſons aux troiſiéme & quatriéme Chefs de conteſtations.

L'Abbé de Thou va réünir ces deux Chefs , parce que les moyens leur
ſont communs , & que l'un eſt une conſequence de l'autre.

Le premier eſt la complainte formée en la Cour par le Comte de Mailly
pour ſa Juſtice , & les Droits Honorifiques qu'il prétend dans l'Egliſe de
Mannevile.

Le ſecond eſt la demande de l'Abbé de Thou , à ce que l'Arrêt de 1647
ſoit declaré executoire contre le Comte de Mailly , comme il l'étoit contre
ſon Auteur ; ce faiſant , que la qualité de Seigneur de Manneville , priſe
par le Comte de Mailly , indéfiniment , ne pourra nuire ni préjudicier à
l'Abbé de Samert.

Fait & Procedure concernant ces deux Chefs.

Le 9 Août 1720 , le Comte de Mailly fait ſignifier un Acte au Curé de
Manneville , dans lequel il expoſe qu'il eſt ſurpris *de ce que depuis quelques*   * Hic.
années * le Sieur Curé avoit *diſcontinué de* le recommander aux Prônes ,
comme Seigneur de Manneville , quoiqu'il ne pût diſconvenir qu'il avoit
recommandé les Comtes de Mailly pendant pluſieurs années , ainſi que les
autres precedens Curez ; pourquoy il le ſomme de lui déclarer les raiſons
qui lui avoient fait ceſſer de le recommander.

Le Curé répond qu'à la verité il avoit en conformité de ſes Predeceſſeurs
recommandé les Sieurs de Mailly en qualité de Seigneurs du la Paroiſſe *juſ-*   * Epoque re-
qu'en 1704 * , qu'il lui fut faite une Sommation à la requête des Abbé & marquable.
Religieux de Samert, de les recommander, à quoy il avoit ſatisfait , ſans
préjudicier au Comte de Mailly ; au ſurplus declare qu'il ne recommande-
ra aucun d'eux, juſqu'à ce qu'ils ſe ſoient fait regler.

Le 8 Avril 1721 , Aſſignation au Curé en la Senechauſſée de Boulogne ,
à la requête du Comte de Mailly , pour voir dire qu'il ſeroit tenu de le
recommander aux Prônes.

Le 26 Juin , Sentence dont l'Abbé de Samert eſt Appellant, qui condamne le Curé à recommander aux Prônes le Comte de Mailly , comme Seigneur de Manneville.

Les 29 & 30 Janvier , Commiſſion & Aſſignation au Comte de Mailly ,
à la requête de l'Abbé de Thou , pour voir dire que l'Arrêt de 1647 , ſeroit
declaré Executoire contre luy : ce faiſant que la qualité qu'il prenoit de Seigneur de Manneville indefiniment , ne pourroit nuire ny préjudicier à l'Abbé
de Samert..

Les 24 & 27 Novembre 1727 , Requêtes du Comte de Mailly en la Cour;
il forme complainte, & prend pour trouble l'entrepriſe du Juge de Samert
ſur la Juſtice de Manneville ; il demande d'être maintenu & gardé dans ſon
Droit de Juſtice , & dans les Droits Honorifiques dans la Paroiſſe de Manneville , en ſa qualité de Seigneur de Manneville.

L'Abbé de Thou devroit commencer par la qualité de Seigneur priſe indefiniment par le Comte de Mailly, la complainte & la Demande des Droits Honorifiques n'en devant être que des suites. Cependant on observera d'abord sur la Complainte, qu'elle est un peu risquée. Jusqu'à present on ne justifie rien qui annonce que le Fief du Comte de Mailly ait esté tenu du Roy ; il n'y a que l'Aveu rendu par le Comte de Mailly , & reçû par l'Ordonnance par défaut dont est Appel. Cette Investiture *par défaut*, dont il y a Appel , met bien le Comte de Mailly à couvert de la Commise ; parce qu'il a reconnu le Roy, & qu'il n'est pas encore abandonné ; mais cette Investiture est attaquée par le Seigneur qui le reclame ; lui, qui ne doit estre que Spectateur du combat de Fief , & qui dit par une Requête precise du 14 Decembre 1728 ; qu'il n'y prend aucune part. Est-il bien recevable à former & instruire une Complainte contre le Seigneur qui le reclame , qui ne l'a pas investi , & qui espere estre remis dans tous ses Droits ? Le Comte de Mailly incertain, parce qu'il veut bien l'estre, de sçavoir de qui il releve , est-il recevable à intenter Complainte contre un des deux Seigneurs contendans ? Par-là ne se déclare-t-il pas Partie formelle contre le Seigneur qui le revendique, & dont il n'ose nier tout-à-fait la Mouvance ? Les Regles les plus saines s'opposent , ce semble , à cette démarche ; tout concourt à le faire déclarer non-recevable.

Entrons en matiere.

MOYENS DU FOND.

La Paroisse de Manneville est étenduë , elle a des Hameaux , des Annexes, entr'autres ceux de l'Epinoy , du Choquet, & de la Campagnette.

L'Abbé de Thou se flatte d'avoir prouvé sans replique , 1°. Que le Fief du Comte de Mailly à Manneville releve de Samert-aux-Bois , en Fief & Justice ; car dans cette Coûtume l'un ne va pas sans l'autre.

2°. Que la directe immediate de Samert s'étend sur *le Hameau de l'Epinoy* , & que le Comte de Mailly n'y a pas un pouce de terre , soit en Fief sous lui , soit en Terres cotieres ou roturieres , il va prouver que ce Hameau du Choquet *est sujet à ses droits* , ainsi que les Habitans de cette Paroisse de Manneville.

Le Droit de Bannalité ne s'étend en Boulenois, que sur ceux qui sont *dans le Fief & Jurisdiction du Seigneur* qui la prétend. (*A*) Cela présupposé, tirons la conséquence. Si les Habitans de la Paroisse de Manneville *& du Hameau Choquet sont sujets à la Bannalité , comme levans & couchans sur la Seigneurie de Samert* , donc ils sont *du Fief & Jurisdiction* de Samert.

Or, par Arrêt bien recent du 4 Janvier 1710 , les Habitans de la Paroisse de Manneville & du Hameau du Choquet ont été condamnez aux droits de Bannalité , *comme étant du Fief & Jurisdiction de Samert-aux-Bois*.

Les Habitans de la Paroisse de Manneville & du Hameau du Choquet, étoient Appellans d'une Sentence de Boulogne , qui les y avoit condamnez ; ils étoient aussi Appellans en adherans *de quatre Sentences renduës en la Senechaussée de Samert*.

L'Abbé de Thou a produit une Enquête de 1579 , qui prouve que les Habitans de Manneville sont sujets à la Bannalité du Moulin, comme *Hommes couchans & levans sur les Terres de l'Abbaye ;* il a produit le Factum qui énonce les Pieces produites lors de l'Arrêt de 1710 , qui prouve la même chose, & que ce Moulin a été arrenté & donné à relief d'argent *au Sieur*

de

(*A*) Le Roi de Lazembrunne , sur l'Art 55 de Boulogne.

de Manneville ; & que les Sieurs de Manneville l'ont vendu aux Auteurs de celui qui a *obtenu l'Arrêt,* qui ont payé la Redevance. Il a produit une Commiſſion pour ſaiſir ledit Moulin pour les Redevances échûës par la mort de René de Mailly de l'an 1662, & l'Exploit de ſaiſie de la même année.

Donc les Habitans de la Paroiſſe de Manneville & du Hameau Choquet ſont dans *la Directe & Juſtice* de Samert-aux-Bois.

Tous ces Titres, dont pas un ne peut être legitimement critiqué, portent un terrible coup à cette qualité de Seigneur de Manneville, telle que le Comte de Mailly veut ſe l'arroger, & à la Complainte pour la Juſtice & pour les Droits Honorifiques.

La Paroiſſe de Manneville & ſes Hameaux en tout ce qu'elle contient, eſt tenuë de l'Abbaye de Samert, ſoit en Fief, ſoit en Terres Cotieres, c'eſt-à-dire en Directe immediate.

Le Comte de Mailly en tient une portion en Fief, & ce Fief porte le nom de la Paroiſſe, mais ce Fief eſt mouvant immediatement de l'Abbaye de Samert, on l'a demontré. L'Abbé de Samert rapporte les Titres qui prouvent ſa Directe immediate & par conſequent *ſa Juſtice* ſur le Hameau de l'Epinoy, & il rapporte un Arrêt tout recent qui aſſujettit tous les Habitans de cette Paroiſſe, & *nominatim* ceux du Hameau Choquet *à ſa Bannalité,* Droit qui ne peut avoir lieu, ſuivant la Coûtûme, que ſur *les Hommes qui ſont dans le Fief* & Juriſdiction, Article 55. On demande au Comte de Mailly, qui de lui ou de l'Abbé de Samert eſt cenſé le vrai & réel Seigneur de la Paroiſſe de Manneville ?

Il eſt vrai que ſon Fief porte le nom de la Paroiſſe, mais cette dénomination, ſi elle n'eſt ſoûtenuë de Titres qui étendent ſon Fief & ſa Juſtice *ſur toute cette Paroiſſe,* ſi cette Seigneurie n'embraſſe réellement la Paroiſſe & l'Egliſe de Manneville, ce nom de Manneville qui a été anciennement donné à ce Fief ne lui acquiert aucun Droit ſur cette Paroiſſe, ni aux Honneurs de l'Egliſe.

Auſſi la Demande que l'Abbé de Samert a formée le 30 Janvier 1722, ne peut ſouffrir de difficulté, elle eſt jugée par l'Arrêt du 8 Avril 1647, qui ſur les Concluſions de M. le Procureur General & du conſentement du Sieur de Mailly lors, ordonna que la qualité de Seigneur de Manneville priſe par le Comte de Mailly, *ne pourroit nuire ni préjudicier à l'Abbé de Samert.* Cet Arrêt définit l'étenduë & les effets de cette qualité, que le Comte de Mailly ambitionne ; ce n'eſt qu'une qualité nominale, pour ainſi dire, parce que ce nom eſt celui qu'on a donné à ce Fief & à ceux qui le poſſedoient, comme ce Fief ayant peut-être été le ſeul ou le premier, qui dans cette Paroiſſe ait été érigé par les anciens Abbez Comtes de Samert ; mais de cette qualité qui ne provient que de la denomination du Fief, de cette qualité qui n'eſt ſoutenuë d'aucuns Titres tels qu'ils ſoient, de cette qualité, qui aux termes de l'Arrêt de 1647 bien contradictoire, *ne peut nuire ni préjudicier à l'Abbé de Samert,* le Comte de Mailly peut-il en induire un Droit aux Honneurs de l'Egliſe, & ſur cette Denomination a-t-il pû hazarder une Complainte, & *pour ſa Juſtice & pour les Droits Honorifiques ?*

Venons à la Complainte, elle a deux Objets, le trouble dans ſa Juſtice, & les Honneurs de l'Egliſe. Le Comte de Mailly demande d'être maintenu dans l'un & dans l'autre.

G

Par rapport à la Juſtice. D'abord, abſtraction faite de la qualité de ſa Juſtice, on demande au Comte de Mailly, qui de lui, ou de l'Abbé de Thou a été troublé ? N'eſt-ce pas l'Abbé de Thou, puiſque les Officiers de Manneville *ont exercé leur Juriſdiction ſur Martel du Hameau de l'Epinoy*, & ſur Louchet, tous deux *Hôtes de Samert*, ſur leſquels par conſequent, aux termes de la Coûtume & de l'Arrêt de 1623, il a ſeul tout Droit de Juſtice ; & le Comte de Mailly dira que c'eſt lui qui eſt troublé dans ſon Droit de Juſtice par les Officiers de Samert ; Il formera de ce pretendu trouble, un ſujet de Complainte, lui, qui aux termes de la Coûtume ne peut *exercer ſa Juſtice qu'ez Mettes* de ſon Fief, & qui les a tranſgreſſé pour *l'exercer ſur les Hôtes & Tenanciers de Samert ?*

2. Voyons maintenant quelle ſorte de Juſtice il a dans ſon Fief ; car s'il y a trouble, c'eſt de ſon fait ; on vient de prouver que ce ſont ſes Officiers qui ont excedé les Mettes de ſon Fief, & par conſéquent entrepris ſur les Hôtes & Juſticiables de Samert.

Il ne faut pas oublier un moment que le Fief de Manneville eſt ſitué *en Boulenois*, cela va avoir ſon application préciſe.

Or quelle eſt la Juſtice que le Comte de Mailly a dans les Mettes de ſon Fief ? Il a cette Juſtice, que la Coûtume Article 17 nomme *commencement de Cour* ; ce n'eſt là tout au plus qu'une Moyenne & Baſſe Juſtice, & non une Haute Juſtice, telle que le Comte de Mailly prétend l'avoir.

Cette Juſtice ne peut de Droit exercer la Voirie, parce que ce Droit eſt ordinairement un Droit de Haute-Juſtice qui ne ſe communique point aux Moyens Juſticiers ni aux Bas, *ſi la Coûtume ne le dit*. Il eſt vrai que l'Article 42 de Boulenois ſemble donner ce Droit *aux Seigneurs de Fief*, mais 1°. De là nul trait à la *Haute-Juſtice* : cette Coûtume & les autres voiſines ſont en cela dérogeantes au Droit Commun de la France. 2°. Cette Juſtice que le Seigneur de Fief exerce ſur les *Communes, Flegars, Lieux publics & Rivieres*, ne peut s'exercer que dans les *Mettes du Fief* : or il eſt prouvé ci-deſſus irrefragablement, *que le Hameau de l'Epinoy* où demeurent Martel & Louchet *ne ſont point dans l'étenduë du Fief de Manneville*.

Ajoûtons un fait déciſif, c'eſt que le Comte de Mailly ne rapporte *pas un Acte tel qu'il ſoit qui prouve l'exercice de ſa prétenduë Haute-Juſtice* ; le Procès-verbal de viſite de Chemin qui fait le Litige, eſt un Droit de *Seigneur Foncier*, ſuivant l'Article 42 qui le donne *au Seigneur du Fief*, & le Seigneur du Fief n'eſt pas pour cela Haut-Juſticier.

Ces Moyens contre la Haute-Juſtice prétenduë par le Comte de Mailly ſe developeront, & ſe fortifieront d'avantage dans les Réponſes aux Objections qu'il a faites.

Paſſons aux Droits Honorifiques dans l'Egliſe de Manneville ; le Patron, & aprés luy le Haut-Juſticier, peuvent prétendre ſeuls ces Droits ; le ſimple Seigneur de Fief ne pourroit pas les prétendre. Ces principes ſont inconteſtables (*B*).

Or, le Comte de Mailly n'eſt point Haut-Juſticier de la Paroiſſe de Manneville, & quand il auroit une Haute-Juſtice, il n'eſt *point Haut-Juſticier du Territoire où l'Egliſe* eſt bâtie. L'Abbé de Samert a prouvé que les Habitans de Manneville étoient ſujets à ſa Bannalité, comme *Juſticiables de Samert* ; que les Hameaux de l'Epinoy & du Choquet étoient auſſi dans

(*B*) Loiſeau, des Droits Honorifiques, Ch. 11, num. 39. Simon, des Droits Honor. Ch. 16. Maréchal, Ch. 1. Danti, premiere Obſervation ſur Maréchal.

ſa Haute-Juſtice , & que le Comte de Mailly n'a qu'un Fief à Manneville, qui n'a pas même la Haute-Juſtice : auſſi l'Arrêt de 1647, bien contradic-toire, a t-il jugé que la qualité priſe par le Sieur de Mailly de Seigneur de Manneville , ne pourroit nuire ni préjudicier à l'Abbé de Samert ; il y en a trois raiſons. La premiere, c'eſt que l'Abbé de Samert eſt le Haut-Juſticier de la Paroiſſe , & que ce Fief du Comte de Mailly eſt mouvant de luy. La ſeconde , eſt que cette qualification ne vient aux Ancêtres du Comte de Mailly , que par la dénomination du Fief, qui apparemment a été le pre-mier que l'Abbé de Samert ait autrefois érigé en Fief pour augmenter ſes Feodaux , comme on l'a obſervé cy-deſſus. La troiſiéme , c'eſt que l'Abbé de Samert eſt Collateur de la Cure de Manneville ; il en a produit une Pre-ſentation faite en 1681 , au précedent Curé.

Par rapport à la poſſeſſion ſur laquelle le Comte de Mailly voudroit fon-der ſa pretention , il ne faut que les Pieces produites par le Comte de Mail-ly , pour en effacer juſqu'à l'dée , & pour faire tomber la Complainte : en effet,

C'eſt le 9 Août 1720, que le Comte de Mailly , qui en 1719 avoit ren-du l'Aveu au Roy, fait ſommer le Curé de la Paroiſſe de Manneville de le recommander. Selon lui-même, ce Curé répond qu'il l'avoit recomman-dé , comme ſes Predeceſſeurs avoient fait *juſqu'en* * 1704 ; que l'Abbé de Samert lui avoit fait Sommation de le recommander, ce qu'il avoit fait ſans préjudicier au Comte de Mailly ; & il n'y a qu'à lire ſes Ecritures du 9 Decembre 1718, l'Epoque de cette Poſſeſſion eſt en 1704. * His.

En ſorte que ſelon lui , lors de ſa Sommation au Curé , il y *avoit ſeize ans* que ſa prétenduë Poſſeſſion étoit interrompuë ; ce n'eſt qu'en 1721, qu'il a aſſigné le Curé ; & l'Abbé de Thou eſt Appellant de la Sentence qui a condamné le Curé.

On demande au Comte de Mailly où eſt donc cette Poſſeſſion qui l'a mis en état de former Complainte , puiſque le prétendu trouble eſt de 1704, & qu'il n'a agi qu'en 1720, & aſſigné le Curé qu'en 1721.

Le Comte de Mailly n'a donc aucune Poſſeſſion , il n'a aucun Droit, & ſuivant le Curé même depuis 1704, l'Abbé a eſté recommandé : le Comte de Mailly n'a juſtifié d'aucun Droit de Haute-Juſtice , d'aucun Acte de Haute-Juſtice , & la regle eſt encore certaine , entre deux Hauts-Juſticiers, pour être concurrans ; il faudroit 1°. Que le Comte de Mailly fût indépen-dant de Samert , & il en eſt Mouvant ; cela eſt démontré. 2°. Qu'il eût plus d'étenduë de Territoire dans ſa Paroiſſe, & qu'il embraſſât le Terrain de la Paroiſſe , & il n'a qu'un ſeul Fief. L'Abbé de Samert prouve au contraire ſa Haute-Juſtice *ſur toute la Paroiſſe.*

Venons aux Objections , & l'on va voir le prétendu Droit du Comte de Mailly devenir à rien.

PREMIERE OBJECTION.

L'Arrêt du 24 Janvier 1710 , qui prononce ſur la Bannalité , & qui eſt rendu entre le Sieur de Laſtre , Proprietaire du Moulin Bannal, & pluſieurs Particuliers ſujets à la Bannalité , ne prouve point que la Juſtice de l'Abbé de Samert s'étende ſur la Paroiſſe de Manneville ; il paroît au *fol. 3. recto* de cet Arrêt, qu'ils étoient Appellans de quatre anciennes Sentences qu'on leur oppoſoit , renduës par les Officiers de Samert ; mais

1°. Cet Arrêt prouve bien qu'à la verité les Habitans de Manneville avoient été aſſignez à Boulogne ; & que par la Sentence dont ils étoient Appellans, renduë en la Senechauſſée de Boulogne, ils avoient été déclarez ſujets à la Bannalité ; mais les Aſſignations données directement à Boulogne, loin de prouver la Juſtice de Samert ſur les Habitans de Manneville, prouvent au contraire qu'ils n'en étoient pas Juſticiables, mais de Boulogne.

2°. Les quatre Sentences énoncées dans l'Arrêt, n'avoient point été renduës contre les Habitans de Manneville, mais contre les Habitans de Saint-Martin du Choquet. Tellement que cela prouve bien que les Officiers de la Juſtice de Samert peuvent exercer leur Juſtice ſur les Habitans de Saint-Martin du Choquet ; mais cela ne prouve rien par rapport à Manneville.

RÉPONSE.

Par cette Objection il eſt aiſé de connoître l'embarras des Gens-d'Affaires du Comte de Mailly ; ils voudroient éluder le coup que cet Arrêt porte à leurs projets, mais ils ne peuvent échapper.

1°. L'Abbé de Samet a prouvé cy-deſſus que les Habitans du Hameau de l'Epinoy *ſont ſes Hôtes*, & dès là *ſes Juſticiables*. Ce Hameau eſt une portion de la Paroiſſe de *Manneville*. Le Comte de Mailly convient formellement par ſon Objection, que les Habitans de Saint-Martin du Choquet ſont encore Juſticiables de Samert, & Saint-Martin du Choquet n'eſt pas une Paroiſſe diſtincte de Manneville (*C*) mais un autre Hameau faiſant encore portion de la Paroiſſe de Manneville. Voilà déja deux bonnes portions de cette Paroiſſe de Manneville, qui ſont néceſſairement Juſticiables directement de Samert. Du ſurplus de cette Paroiſſe on a démontré que le Fief du Comté de Mailly, qui en fait portion, *eſt encore Mouvant en plein* de Samert.

2°. Le Comte de Mailly prétend qu'il a Haute-Juſtice dans la Paroiſſe de Manneville ; il s'en dit le Seigneur ; il s'en arroge tous les Droits ; il fait plus, il dénie à l'Abbé de Samert, & la Mouvance ſur ſon Fief, & la Juſtice dans cette Paroiſſe ; en ſorte que ſi on l'en croit, il eſt le ſeul Haut-Juſticier.

Comment donc les Habitans de la Paroiſſe de Manneville n'ont-ils pas été aſſignez *en ſa prétenduë Haute - Juſtice* de Manneville pour les Droits de Bannalité ? ſa prétenduë Juſtice s'étendant ſur la Paroiſſe, rendoit ſa Juſtice competante, comme Juge du domicile ; cependant les Particuliers du Hameau de Saint-Martin du Choquet, qui eſt une portion de la Paroiſſe de Manneville, où il y a une Chapelle, avoient été *aſſignez à Samert*, & y avoient été condamnez à l'amande, & le Corps des Habitans de la Paroiſſe ſçavoit ſi-bien que ces condamnations intervenuës à Samert *les regardoit*, parce que ce Hameau du Choquet eſt une portion de leur Paroiſſe, ils ſe regardoient ſi bien condamnez par ces Sentences *en la perſonne de ces Particuliers*, qu'ils en interjerterent Appel en la Cour, non pas *comme de Juge incompetent* ; ils ſçavoient que Samert étoit leur Juſtice directe ; mais Appel *pur* * *& ſimple*, comme prétendant un mal-jugé ; & par l'Arrêt, *ces Sentences, comme celle de Boulogne, ont été confirmées avec tous les Habitans de la Paroiſſe de Manneville & du Choquet*. Pourquoy le Sieur de Laſtre eſt-il qualifié Proprietaire du Moulin Bannal ? Parce que ſes Auteurs ont acquis ce Moulin des Auteurs du Sieur de Mailly, qui le tenoient à ſur-cens

de

(*C*) Hameau de la Paroiſſe de Manneville; il y a une Annexe.

* Hic.

de l'Abbaye de Samert , comme le Sieur de Laftre l'a prouvé dans l'Inftance. L'Abbé de Thou en a produit le Mémoire imprimé : l'Enquête de 1579,
prouve que tous les Moulins de l'Abbaye *étoient arrantez* ; pourquoi n'a-t-il
pas affigné les Particuliers du Choquet devant les Officiers de Manneville,
comme il les avoit affigné à Samert ? Pourquoy auffi n'y a-t-il pas affigné les
autres Habitans de la même Paroiffe ?

La raifon en eft écrite dans l'Article 55 de la Coûtume. Ce Droit ne peut
s'étendre que fur ceux qui font du Fief *& de la Jurifdiction de celuy qui le
prétend* ; que le Comte de Mailly tire la conféquence. Ce Droit appartient à
l'Abbé de Samert ; les Habitans de la Paroiffe de Manneville Appellans tant
des Sentences de Boulogne , que *de celles renduës à Samert , y font condamnez* par l'Arrêt , & le vû de cet Arrêt prouve qu'on demandoit la con-
damnation contre eux, comme *relevans de Samert.* Ce Droit , felon la Coûtume, *fuit la Jurifdiction ;* donc les Habitans de Manneville font *Jufticiables* de Samert , comme *Village dépendant de cette Abbaye* , fur lequel , fuivant l'Arrêt de 1623 , elle a toute Juftice.

1°. Mais dira le Comte de Mailly , pourquoy donc affigner à Boulogne
les Habitans de la Paroiffe de Manneville, & non à Samert ? Il eft facile de
dénoüer la difficulté. 1°. Ce Droit étant inconteftablement jugé appartenir
à l'Abbaye de Samert , aux termes de l'Article 55 , il faut en conclure la
Jurifdiction de Samert fur les Habitans de Manneville, que l'Arrêt déclare fujets à ce Droit , que le Sieur de Laftre ne prétendoit contre eux que
comme *couchans & levans fur la Seigneurie de Samert.* Vide *le vû de l'Arrêt de 1710, & le Factum du Sieur de Laftre ;* & il s'enfuivroit tout au plus
que ce de Laftre devoit *proceder à Samert* , comme il avoit fait contre les
Particuliers du Choquet ; *& en Boulenois la prévention des Juges Royaux
ayant lieu* , il s'enfuivroit que l'Abbé n'auroit pas été recevable à revendi-
quer cette Caufe : Voilà tout. Mais de ce qu'on n'auroit pas affigné un homme
dans fa Juftice ; de ce que cet homme n'auroit pas decliné, n'auroit pas été re-
vendiqué , fi on s'avifoit de conclure qu'il n'eft pas Jufticiable de la Jurifdiction de fon domicile ; le Sieur de Mailly riroit de cette confequence, &
il auroit grande raifon.

2°. Il y a une bonne raifon qui a déterminé ce Delaftre à ne point proceder à Samert, quand il procedoit contre les *Habitans en Corps* & Com-
munauté qui devoient ce Droit.

Lorfqu'il ne s'agiffoit que *de la perception & joüiffance actuelle* du Droit,
& de condamner *en l'amande* * quelques Particuliers qui avoient delinqué ;
c'étoit le cas où l'on devoit affigner en la Juftice du Seigneur ; c'eft le cas
prévû par l'Ordonnance de 1667 , & cela avoit été pratiqué contre ces Particuliers du Choquet : mais ici les Habitans en Corps *conteftoient la Bannalité* , & on n'a jamais vû que quand il s'agit du Droit en lui-même , que les
Habitans *en Corps conteftent* , l'on ait procedé en la Juftice *du Seigneur* de
ce Droit , cela feroit inoüi ; & fi les Habitans y avoient été affignez, ils auroient déclinez avec raifon ; mais ces Habitans condamnez à Boulogne,
en interjettent Appel en la Cour ; ils interjettent auffi Appel *pur & fimple
des Sentences renduës à Samert* , qui en condamnant des Particuliers en l'a-
mande , formoient un préjugé, *& les Sentences de Samert* * ont été confirmées comme celles de Boulogne , & dans cette Caufe où le Droit en lui-même
étoit contefté par tous les Habitans , il n'y avoit que la Juftice Royale com-
petente.

** Hic.*

** Hic.*

DEUXIE'ME OBJECTION.

Quand l'Abbé de Samert feroit juger que le Fief du Comte de Mailly releveroit de Samert , il ne s'enfuivroit pas que la Seigneurie & Paroiffe de Manneville fût de fa Jurifdiction , tout le monde fçait que Fief & Juftice n'ont rien de commun.

REPONSE.

1°. Manneville eft un Village dépendant de Samert , & l'Arrêt de 1623, prouve que l'Abbé a toute Juftice fur les Villages qui en dépendent.

2°. Ce n'eft pas en Boulenois qu'il faut fe fervir de cet ufage ordinaire, parce qu'en ce Pays la Juftice fuit le Fief, & elle eft plus ou moins grande, fuivant que le Fief a plus ou moins de Vaffaux fous luy.

TROISIE'ME OBJECTION.

Le Comte de Mailly a une Juftice , il a des Officiers ; l'Abbé de Samert n'a pû fe difpenfer de l'avoüer : il eft vray qu'il ne luy donne qu'une Baffe-Juftice , un commencement de Cour fuivant l'Article 17 de la Coûtume ; mais le Comte de Mailly n'a jamais emprunté d'Homme Feodal de fon Suzerain pour exercer fa Juftice ; il a la Voirie, & il l'exerce par fes Officiers ; & l'Abbé de Samert n'a ni Procureur Fifcal , ni autres Officiers à Manneville. La Coûtume d'Artois , voifine de celle de Boulogne, donne le Droit de Voirie à la Juftice Vicomtiere , qui fuivant le dernier Commentateur d'Artois , appartient au Seigneur qui a Fief & Hommes fous luy. D'ailleurs fi l'on confulte les Titres produits par l'Abbé de Samert , la Juftice du Comte de Mailly eft qualifiée Haute , Moyenne & Baffe. Le Contrat de vente de Manneville de 1567 porte , le tout tenu & mouvant en Fief, avec Haute, Moyenne & Baffe-Juice ; l'Aveu de 1574 le dit encore , le Decret du 3 Août 1604 le dit auffi.

REPONSE.

Cette Objection eft une des plus fortes que le Comte de Mailly ait propofé ; mais fi fes Gens-d'Affaires avoient mieux entendu la Coûtume , ils auroient mieux compris l'énoncé de ces Titres dont ils fe fervent aujourd'huy contre l'Abbé de Samert pour prouver fa prétenduë Haute-Juftice, & ils ne prennent pas garde * que *ces même Titres dont ils veulent* tirer avantage contre l'Abbé de Samert, *&) que par conféquent ils adoptent ,* leur prouvent *la Mouvance certaine de l'Abbé de Samert fur ce Fief.* Allons plus avant , dégageons cette Objection de tout l'apparent qui la fait briller, & il ne reftera plus que des mots, qui ne décideront rien en faveur du Comte de Mailly.

** Hic decifif.*

1°. On n'y penfe pas quand on objecte que l'Abbé de Samert n'a pas d'Officiers à Manneville : il n'en a aucuns dans les Villages qui dépendent de de luy ; parce que tous fes Hôtes *font Jufticiables directs de Samert.* L'Arrêt de 1623, contre le Bailly Royal d'Evrefne, le prouve fans replique.

2°. L'Abbé de Samert a dit que le Comte de Mailly avoit une Juftice ;

mais il a dit que c'étoit celle que l'Article 17 de la Coûtume luy accorde, *un commencement de Cour* ; le Comte de Mailly la compare à celle qu'en Artois on nomme *Vicomtiere.* L'Abbé de Samert lui laissera la satisfaction de ce parallele & du sentiment du Commentateur d'Artois; mais en induire de là un Droit *de Haute-Justice par lui-même*, c'est penser trop presomptueusement de sa Justice. Il faut se renfermer dans la Coûtume du Boulonois, qui attribuë ce Droit de Voirie sur les Communes & Flegards *au simple Seigneur de Fief* *. * Art. 42.

3°. L'Abbé de Samert est fâché de ce que de la part du Comte de Mailly on ne veut s'attacher qu'à la lettre des Actes , sans consulter sa Coûtume.

Les Titres produits par l'Abbé de Samert (& qui néanmoins sont les propres Titres * du Comte de Mailly) disent tous que le Comte de Mailly a dans son Fief, Haute , Moyenne & Basse-Justice , & de là on conclut, donc le Comte de Mailly a par lui-même & à cause de son Fief , le Droit de Haute-Justice; la consequence n'est pas juste , & ne quadre ni avec la Coûtume , ni avec le Fait particulier. * *Hic.*

Si le Comte de Mailly disoit, J'ay sous moy des Feodaux , donc je puis exercer la Justice *ès Mettes* de mon Fief, *même la Haute-Justice* ; l'Abbé de Samert ne le luy contesteroit pas : En voici la raison. Les Gens-d'Affaires du Comte de Mailly ne touchent que l'écorce , ils ne veulent pas la lever. En Boulenois ce ne sont pas les énonciations des Titres qui donnent le degré d'éminence de la Justice, dont un Seigneur de Fief veut décorer son Fief; c'est la Coûtume , c'est le *nombre* * *des Vassaux.* * *Hic.*

La Coûtume de Boulenois distribuë au Seigneur les degrez de Jurisdiction , elle indique les moyens d'arriver au plus haut degré, elle facilite même *l'exercice* de ce haut degré de Jurisdiction à celui qui ne l'a *pas de Droit* , & cela malgré *le Suzerain :* En sorte qu'en Boulenois le Seigneur Feodal, dont la Justice *commence d'éclore* , qui en a déja un *rayon*, peut *exercer* la Haute-Justice malgré *son Suzerain ;* & dès qu'il est en état de le faire selon la Coûtume, alors nulle difficulté, qu'il peut dans ses Aveux rapporter *la Haute-Justice*, c'est-à-dire *l'exercice* * de la Haute-Justice. Voilà ce que les Gens-d'Affaires du Comte de Mailly ne comprennent pas , & ce qu'il faut leur expliquer : Il faut distinguer *la Haute-Justice de Droit* *, & la Haute-Justice *d'Exercice.* En Boulenois , suivant l'Article 14 , pour avoir *de Droit* toute Justice Haute, Moyenne & Basse, & les Droits y appartenans, il faut que le Seigneur ait sous luy *cinq Hommes de Fief*; c'est-à-dire *cinq Vassaux.* Voilà *le Droit de Haute-Justice* ; il faut avoir cinq Hommes de Fief *sous soi ;* ceux qui en ont davantage , l'ont à meilleur Titre ; & ces Hommes de Fief *assistent aux Plaids* de ce Seigneur dominant *par eux , ou par leur Desservant, c'est-à-dire ou leur Bailly,* ou celui *qui remplit pour eux les devoirs des Fiefs servans ;* ainsi le Seigneur qui a *cinq Feodaux , a de Droit* la Haute-Justice. * *Hic.*
* *Hic* decisif.

Suivant l'Article 17 , celui qui n'a *que trois Hommes* de Fief *sous lui* , n'a *que commencement de Cour ;* cependant il a *l'exercice* libre de la Haute-Justice *ès Mettes* de son Fief, *en empruntant deux Feodaux* de son Seigneur Superieur, & le Seigneur ne peut *les lui refuser ;* en sorte que dès qu'il *a commencement de Cour*, il peut *exercer* la Haute-Justice *ès Mettes* de son Fief, & son Seigneur Superieur doit luy prêter *les deux Feodaux* qui lui manquent. Voilà *l'exercice* de la Haute-Justice, que le Seigneur Feodal a , & qu'il peut *rapporter dans ses Aveux*, dès qu'il *a trois* Hommes de Fief ; parce qu'alors il ne tient qu'à lui de *l'exercer*.

Venons au Fait particulier ; le Comte de Mailly a-t-il reporté dans ses Aveux, dans ses Titres le Droit *ou l'exercice* libre de la Haute-Justice ?

Voici les termes de l'Article 14 : *Ont lesdits Barons, Pairs, &c. toute Justice, Haute, Moyenne & Basse, comme font toutes les Justices inferieures de ladite Coûtume (ayant cinq Hommes de Fief sous eux) lesquels semblablement ont toute Justice, Haute, Moyenne & Basse.* Ces termes *ont*, marquent *le Droit* de Haute-Justice.

Voici l'Article 17. Par ladite Coûtume, *le Seigneur ayant trois Hommes de Fief sous luy, a commencement de Cour, (& peut exercer) la Justice ès Mettes de son Fief, en empruntant de son superieur deux Feodaux, lesquels il est tenu luy bailler.* Ces termes, *(t) peut exrcer* sont énergiques.

Les Titres de 1567, 74, & 1604, disent bien, *la Haute-Justice* ; mais pour démêler cet Enigme, ces Titres dont le second est un Aveu, énoncent-ils *cinq Hommes* de Fief ? sans cela point *de Droit* de Haute-Justice : que le Comte de Mailly les parcoure, ces Titres n'en *énoncent pas un* ; & dès là, en vertu de la Coûtume, on pourroit luy faire rayer l'énonciation de Haute-Justice ; cependant il est vray qu'il a un *commencement de Cour*, & qu'il a trois Hommes de Fief, cela se lit dans l'Aveu du pere du Comte de Mailly rendu en 1703. Cet Aveu en énonce *cinq* implicitement; sçavoir trois effectifs, & le nommé Loucher *pour deux*. Ce Loucher a été Desservant *le Fief de Manneville* ; mais cet Aveu *a été blâmé* ; le pere du Comte de Mailly est mort depuis le Blâme fourni ; blâme qui tombe sur ce Loucher que l'on met Feodal du Fief de Manneville, & l'Abbé de Samert prétend que c'est *un de ses Feodaux directs* : le blâme n'est point jugé, le pere du Comte de Mailly ne s'est point justifié sur le blâme, il subsiste par sa mort, par la minorité, & par la conduite qu'a tenu le Comte de Mailly.

Ces Faits sont établis par Pieces. Cela présupposé, il est facile d'accorder les Titres du Comte de Mailly avec la Coûtume, & la prétention de l'Abbé de Samert.

Les Titres invoquez par le Comte de Mailly, luy donnent la Haute-Justice ; c'est-à-dire, qu'ils lui donnent, non pas *le Droit* de Haute-Justice, mais *l'exercice*, & cela parce que le Comte de Mailly ayant trois Hommes de Fiefs effectifs, *a commencement de Cour,* & dès ce, suivant l'Article 17, il peut *exercer* la Justice de l'Article 14, qui est la Haute-Justice, en empruntant deux Hommes de Fief que l'Abbé de Samert ne peut luy refuser, & ces deux Hommes de Fief joints à ses trois, seront les *cinq* qui luy donnent *l'exercice* de la Haute-Justice, qui ne peut *s'exercer* qu'avec *cinq* : D'autres Titres il n'en a point, si ce n'est l'Aveu qu'il a rendu au Roy, & qui *fait le Litige*, par conséquent inutile à la décision.

Mais, s'écrie-t-on bien haut de la part du Comte de Mailly, il exerce sa Justice, & il n'a jamais emprunté de Feodaux de l'Abbé de Samert, & il n'en empruntera point.

La réponse à cela est sans replique. *Où sont les Actes de Haute-Justice* faits par le Bailly *de Manneville ?* Où sont les *Sentences renduës* dans les *cas des Hauts-Justiciers ?* Le Comte de Mailly n'en produit pas une seule.

Produira-t-il ce Procès-verbal de visite de chemin fait contre Martel ? Mais 1°. Ce Procès-verbal fait le sujet de la contestation. 2°. Il en fait sur un endroit hors *les Mettes du Fief de Manneville*, on l'approuve. 3°. Ce Pro-

cès-

cès-verbal fur les chemins & flegards , eft *un Acte de Jurifdiction fonciere.*
Article 42.

Concluons donc que le Comte de Mailly a *l'exercice* de la Haute-Juftice , & non pas *le Droit* , parce qu'il n'a *l'exercice* qu'en empruntant deux
Hommes de Fief , & il ne peut avoir *le Droit* , *qu'en ayant réellement cinq*
Feodaux effectifs , ce qu'il n'a pas. Voilà ce que les Titres difent , quand ils
luy donnent la *Haute-Juftice ;* ce n'eft pas à la lettre de l'Acte qu'il faut s'attacher fervilement , mais à fon efprit , fur-tout quand cet efprit eft demontré par la Coûtume. *Quando materia dictat unum expreffum & verbo contra-*
rium , non credam fimplici verbo , dit Me Charles Dumoulin §. 33. Gl. 1. N
113. Dès là le Comte de Mailly ne peut pas fe dire Haut-Jufticier ; mais ay-
l'exercice de la Haute-Juftice , fuivant l'Art. 17.

QUATRIE'ME OBJECTION.

C'eft en vain que l'Abbé de Samert produit la Sentence renduë par fon
Bailly le 22 Octobre 1691 , affifté de plufieurs Hommes de Fiefs ou Feodaux,
au nombre defquels fe trouve *Nicolas Louchet Deffervant le Fief du Seigneur*
de Mailly à Manneville. Le Comte de Mailly a expliqué , comme en certains
cas , dans le Boulenois & dans l'Artois le Juge d'un Seigneur peut appel-
ler des Hommes de Fief de fon Seigneur Suzerain , pour rendre fa Cour
pleine , & l'aider à rendre un Jugement qu'il ne pourroit pas rendre feul ;
il en eft de cela comme quand un Juge dans les autres Provinces appelle
des Graduez pour juger certaines Affaires qui demandent fept Juges. Tellement que de ce que Nicolas Louchet a été appellé comme Homme de Fief
à la Sentence de 1691 , il ne s'enfuit pas que Louchet fût Jufticiable de Samert , il y a une forte prefomption qu'il ne l'étoit pas ; la raifon eft que
dans le Boulenois & dans l'Artois , on n'appelle que les Hommes du Fief
dominant. Or, par cette Sentence il paroît au contraire que Nicolas Louchet a été appellé au Jugement , comme Deffervant le Fief du Seigneur de
Mailly à Manneville , qui felon la prétention de l'Abbé de Samert auroit
été un Fief fervant & relevant de Samert : tellement que cette circonftan-
ce fert à confirmer que Nicolas Louchet n'a point été appellé comme Jufticiable de Samert , mais fimplement comme Homme de Fief , ayant pouvoir
d'affifter le Juge dans les Matieres où il faut plufieurs Juges. D'ailleurs il
eft dit dans la Sentence , Nicolas Louchet Deffervant le Fief du Comté de
Mailly à Manneville , pour faire entendre que Nicolas Louchet pouvoit
tenir un Fief fervant & relevant du Comte de Mailly , lequel Fief peut avoir
été dans une autre Paroiffe que celle de Manneville. Au furplus, on obferve-
ra en paffant que ces termes *tous Feodeaux* , qui font employez dans les qua-
litez de la Sentence , ne fignifient autre chofe que tous Hommes de Fief
Deffervans & Jugeans le Procès.

REPONSE.

On l'avoüera , pour former une pareille Objection , il en aura beaucoup
coûté aux Gens-d'Affaires du Comte de Mailly. Ce cahos de comparaifons,
de Commentaires de la Coûtume , & d'Obfervations , n'a été formé que
pour dérober la difete où ils font de Moyens , & de juftes raifonnemens.
C'eft le fort de tous ceux , qui contre leur propre connoiffance , s'engagent

dans des Procès ; leur efpoir eft de fatiguer , d'obfcurcir la verité ; mais quand on les éclaire de trop près , c'eft alors qu'ils s'enveloppent dans les tenebres , pour cacher , s'ils le peuvent , le chagrin de fe voir défaits.

L'Abbé de Samert va developper cet affemblage de Sophifmes de maximes contraires au Texte , de Paralleles , & d'Obfervations ; on ne l'accufera pas d'avoir tronqué l'Objection , elle eft tirée au net & mot à mot des Ecritures du Comte de Mailly du 31 Janvier 1729 , fuivons-le pas à pas.

1°. Toute comparaifon en Droit eft dangereufe , elle cloche fouvent ; l'Objection du Comte de Mailly nous en fournit un exemple. Il compare les Hommes Feodaux ou Vaffaux qui viennent aux Plaids du Seigneur Dominant , aux Graduez que l'on appelle dans les Prefidiaux , pour remplir le nombre des Juges : mais. rien de moins fynonyme que les Graduez & les Feodaux ; les Feodaux font obligez de deffervir à leur tour , & d'affifter aux Plaids , on l'a demontré ; les Graduez appellez ne dependent point du Juge qui les appelle , ils y vont de leur bon gré , fans y être affujettis , auffi rien de moins comparable l'un à l'autre que l'exccution d'un devoir à une fonction libre , à un Office que l'on rend fans contrainte & fans autre neceffité que de faire plaifir au Juge qui vous appelle : rayons cette comparaifon.

2°. L'obfervation par où le Comte de Mailly termine fon Objection , eft directement contraire au Texte de la Coûtume , & cette obfervation traveftit aujourd'hui l'Homme de Fief d'une maniere qu'il n'eft pas reconnoiffable. Les Feodaux , dit le Comte de Mailly , ne font autre chofe que les Hommes de Fief deffervans & jugeans le Procès. Cette définition du Feodal en Boulenois pourroit avoir quelque apparence , fi comme autrefois les Vaffaux faifoient en perfonne leur fervice à la Cour du Seigneur Dominant ; mais aujourd'hui les Deffervans ne font pas les Feodaux , ce font ceux que les Feodaux chargent de faire le fervice de leur Fief , & fouvent c'eft le Juge du Feodal , quand il a Juftice. Le Comte de Mailly prend le Deffervant pour le Feodal , & il fe trompe ; la caufe de fon erreur , la voici : C'eft que quand la Sentence dit , *tous Feodaux* de cette Juftice , elle ne parle *pas des Deffervans* qui affiftent à la Juftice , mais de *ceux dont ils font Deffervans* ; Elle dit d'abord , le *Deffervant de tel* , le Deffervant le Fief *du Seigneur de Mailly* à Manneville , &c. Et elle ajoûte *tous Feodaux* , c'eft-à-dire les Deffervans les Fief de tels & tels , *tous Feodaux* de cette Juftice : & en effet,

Le Feodal n'eft autre chofe que celui *à qui un Seigneur* donne *une portion de fa Terre* * en Fief. Or le Deffervans le Fief eft l'Homme qui fait pour celui qui a le Fief , mais il n'eft pas le Vaffal lui-même.

3°. Le Comte de Mailly dit , que quand on a dit dans cette Sentence , Louchet deffervant le Fief du Seigneur de Mailly à Manneville , apparemment que Louchet poffedoit un Fief dans une autre Paroiffe.

La Réponfe à cela eft dans l'Enoncé même de la Sentence , Louchet deffervant le Fief du Comte de Mailly *à Manneville* ; cela eft clair , c'eft dans la Paroiffe de Manneville que ce Louchet deffervoit le Fief du Comte de Mailly , & le Comte de Mailly n'a point d'autre Fief à lui à Manneville que celui qu'il nomme Terre & Seigneurie de Manneville.

4°. Le Comte de Mailly dit, que quoique Louchet fût appellé à cette Sentence , il ne s'enfuit pas qu'il fût jufticiable de Samert ; que la prefom-

* Art. 18.

ption contre eſt qu'en Boulenois , comme en Artois, on n'appelle que les Hommes de Fief du Seigneur Dominant ; que par cette Sentence Louchet a été appellé comme Deſſervant le Fief du Comte de Mailly , que l'Abbé de Samert prétend Mouvant de lui. Tellement que cette circonſtance ſert à prouver que Louchet a été appellé , non comme Juſticiable de Samert, mais comme Homme de Fief, ayant pouvoir d'aſſiſter le Juge de Samert.

On eſt forcé de le dire, on ne peut définir au vray cette Objection, qu'en diſant que c'eſt un pur verbiage ; & c'eſt adoucir la choſe. En effet , 1°. Le Comte de Mailly raiſonne ſur le Syſtême qu'il eſt Vaſſal du Roy , & dès là ſon raiſonnement porte à faux, non-ſeulement parce qu'on a prouvé ci-deſſus qu'il étoit Mouvant de Samert , mais parce qu'il faut conſiderer le tems auquel *cette Sentence a été renduë* , & non pas le tems auquel le Comte de Mailly a voulu ſe ſouſtraire de la Mouvance de l'Abbé de Samert. L'Epoque de ce dernier tems ne remonte qu'en 1715. L'Epoque de la Sentence remonte en 1691.

Or , en 1691, les Seigneurs de Mailly ne ſongeoient à rien moins qu'à mé-connoître l'Abbé de Samert pour Seigneur Dominant. En 1647 , le Marquis de Mailly avoit conſenti à tenir de l'Abbé de Samert les Bois qu'il recevoit du Roy , comme il tenoit ceux qu'il donnoit, & qui faiſoient partie de ſon Fief de Manneville. En 1703, le pere du Comte de Mailly avoit fait la Foi & Hommage à l'Abbé de Samert , & fourni le Dénombrement de ſon Fief de Manneville. Ainſi quand dans ce tems où les Sieurs de Mailly ne vou-loient point reconnoître d'autre Seigneur que l'Abbé de Samert , le Deſſer-vant ce Fief a aſſiſté à ſon tour aux Plaids de l'Abbé de Samert.. Alors il y aſſiſtoit *comme Deſſervant un Fief Vaſſal & Mouvant de l'Abbaye de Samert,* dont perſonne ne conteſtoit la Mouvance. C'eſt ce tems de la Sentence qu'il faut enviſager ; c'eſt le tems où l'action s'eſt paſſée qu'il faut regarder, parce que ce tems ſeul peut déterminer la qualité en laquelle le Deſſervant le Fief du Comte de Mailly a aſſiſté à ce Jugement.

2°. Qu'eſt-ce qu'on veut dire de la part du Comte de Mailly , que de ce que Louchet a été appellé ? On n'en doit pas induire qu'il étoit Juſticiable de Samert , parce qu'en Artois on n'appelle *que les Hommes de Fief du Sei-gneur Dominant.*

Juſques ici , ſur-tout depuis l'Inſtance, il n'a été queſtion que de ſçavoir ſi le Comte de Mailly ſeroit Vaſſal immediat du Roy ou de l'Abbé de Sa-mert ; mais jamais le Comte de Mailly n'avoit laiſſé entrevoir qu'il ſe *don-noit pour Seigneur Dominant de Samert.* Ce Projet eſt nouveau , la Metamor-phoſe ſeroit agréable au Comte de Mailly ; mais comme cette prétention n'a pas encore vû le jour , il faut effacer cette réflexion du Comte de Mailly, parce qu'il n'a jamais été ni prétendu être Seigneur Dominant de Samert ; & Louchet n'a point été emprunté comme Feodal du Comte de Mailly par l'Abbé de Samert.

Allons plus loin : les Gens-d'Affaires du Comte de Mailly ne ſçauroient le tirer de l'embarras où leur mauvaiſe foy & leur ardeur inconſiderée l'a jet-té. Quelle eſt cette maxime qu'en Artois comme en Boulenois , on n'appelle que les Hommes de Fief du Seigneur Dominant ?

1°. Louchet n'a point été *appellé* comme Feodal à cette Sentence ; mais il a *aſſiſté* comme Deſſervant le Fief *du Comte de Mailly , Feodal de Samert ,* comme faiſant le ſervice *de Feodal.* C'eſt en cette qualité qu'il a comparu aux Plaids ; il auroit pû l'être lui-même comme Feodal direct & immedia-

de Samert ; c'eſt le ſujet du Blâme de l'Aveu de 1703, dont il n'eſt point queſtion. Il a comparu *pour le Seigneur de Mailly, dont* il Deſſervoit le Fief, ſoit qu'il fût ſon Juge, ſoit qu'il fût *chargé du ſervice du Fief.*

2°. Loucher Deſſervant le Fief du Seigneur de Mailly, n'a point été *appellé* par le Bailly de Samert, il y eſt venu, *parce que c'étoit ſon tour,* & que tous les Feodaux ou leurs Deſſervans *ſont obligez* d'y aſſiſter à leur tour *, il y en a une raiſon ſenſible ; c'eſt qu'il n'y a que le Seigneur de Fief qui n'a que commencement de Cour, ſuivant l'Article 17, qui *appelle* les Feodaux de ſon *Seigneur Dominant,* pour *exercer* ſa Juſtice ; mais celui qui a Haute-Juſtice *par lui-même,* parce qu'il *a cinq Feodaux ſous lui, ne les appelle point,* s'il y en a plus de cinq, ils ont leur tour ſous *peine d'amande.* Or, il eſt bien diſettement jugé par l'Arrêt de 1623, ci-deſſus rapporté, que l'Abbé de Samert qui a pluſieurs Feodaux ſous lui, a *toute Haute, Moyenne & Baſſe-Juſtice ſur ſes Hôtes Tenanciers du Bourg de Samert & Villages en dépendans.*

Paſſons donc l'éponge ſur cette Objection, elle ne mérite pas le détail qu'on en a fait.

** Vide Le-Roi de Lazembrune, ſur les Art. 17 & 18 de Boulenois. Dufreſne . ſur l'Att. 25 d'Amiens.*

CINQUIE'ME ET DERNIERE OBJECTION.

Le Titre de 1 6 0 4, dit que le Manoir du Fief de Manneville tient au Presbytere de l'Egliſe. Cette proximité fait preſumer que les Auteurs du Comte de Mailly ont donné le fond de l'Egliſe : outre cela les Habitans lui doivent des Redevances pour la Place du Presbytere & du Cimetiere, dès là il a les Droits Honorifiques, d'autant plus qu'avant 1 7 0 4, il en étoit en poſſeſſion.

REPONSE.

1°. Il ne faut que la ſeconde Partie de l'Objection pour exclure toute l'idée de Patronage, que le Comte de Mailly veut que l'on conçoive de la proximité de ſon Manoir avec le Presbytere.

En effet le Patronage ne s'acquiert qu'en donnant le fond, ou dotant, ou bâtiſſant l'Egliſe : *Patronum faciunt dos, Ædificatio fundus.*

Le Comte de Mailly ne ſe donne point pour celui qui a doté ou bâti l'Egliſe, mais rien n'eſt plus oppoſé à cette prétenduë Donation, que les Redevances qu'il prétend lui être dûës par les Habitans pour ce même Terrain. Un Seigneur qui donne un Terrain pour bâtir une Egliſe, amortit le fond, remet ſa Cenſive : ſi l'on voit qu'il la perçoit, on conclut qu'il ne l'a point donné, & qu'un autre à qui il appartient en a fait le don ; mais, que comme il n'avoit pas le pouvoir d'amortir, les Charges y ſont demeurées. Voilà les vrais principes du Patronage.

2°. Ces Redevances ſur les Presbyteres & Cimetieres, ne ſont prouvées que par l'Aveu rendu au Roy, qui *forme le Litige,* & qui par conſéquent ne peut faire foy ; il faudroit rapporter les Déclarations paſſées par les Habitans. L'Abbé de Thou produit les Extraits des Comptes de 1548, & 1554, qui prouvent la Redevance dûë à ſon Abbaye ſur le Cimetiere. Il produit les Proviſions qu'il a données en 1681, au Curé de Manneville, comme Collateur.

3°. Le Comte de Mailly ne prouve par aucun Acte tel qu'il ſoit, qu'il ſoit Haut-Juſticier du Terrain ſur lequel l'Egliſe eſt bâtie. L'Abbé de Samert

mert prouve au contraire qu'il eft le Haut-Jufticier de toute la Paroiffe de Manneville, le Comte de Mailly n'ayant que commencement de Cour, encore doit-il prouver que le Terrain où eft l'Eglife, eft dans *les Mettes* de fon Fief.

Enfin le Comte de Mailly n'a point de poffeffion *depuis* 1704, & celle qu'il dit avoir avant 1704, n'eft atteftée que par la réponfe du Curé.

Dès que le Comte de Mailly ne prouve ni fon prétendu Patronage, ni que le Terrain de l'Eglife eft dans *les Mettes* de fon Fief, dès qu'il ne pourroit avoir Haute-Juftice, s'il en avoit une, de Droit, que dans les Mettes de fon Fief, dès qu'il n'a point de poffeffion fuivie; il ne peut fe dire Seigneur du Village; il ne peut afpirer aux Honeurs de l'Eglife.

L'Abbé de Samert fe flatte d'avoir démontré tout ce qu'il a avancé dans ce Mémoire; il n'a parlé que le langage pur de fa Coûrume, de fes Titres, & des meilleurs Feudiftes; il a prouvé que Manneville n'a jamais été un Fief Mouvant nuëment du Roy, que les Officiers de Manneville avoient excedé leur pouvoir, qu'ils avoient forti *les Mettes* du Fief, pour exercer leur prétenduë Voirie. Il a fait voir que le Comte de Mailly n'étoit point Haut-Jufticier, & qu'il n'avoit que *l'exercice* de la Haute-Juftice aux termes de l'Article 17; qu'il n'étoit & ne pouvoit fe qualifier Seigneur de Manneville indéfiniment, au préjudice de l'Abbé de Samert; qu'il ne pouvoit prétendre aux Droits Honorifiques, & que la Complainte par lui formée, étoit hors de faifon & fans fondement. Il efpere que le Miniftére public, dont les lumieres fuperieures s'attachent également à conferver les Droits du Roy, & à maintenir ceux des Sujets du Roi dans leur entier, lui rendra toute la Juftice qui lui eft dûë, & que la Cour, par l'Arrêt qu'il attend de fon équité, mettra le Sceau aux Droits que le Comte de Mailly a voulu enerver, & qu'on s'eft vû forcé de foutenir en Juftice reglée.

Monfieur l'Abbé P V C E L L E *, Rapporteur.*

G. A. G U Y O T, Avocat.

L E B L A N C, Proc.

A PARIS, De l'Imprimerie de la V. L. RONDET, ruë S. Jacques, près la Fontaine S. Severin, au Compas. 1730.